佚名 著

周易尚書

廣陵書社
中國·揚州

圖書在版編目（CIP）數據

周易　尚書 / 佚名著. -- 揚州 : 廣陵書社,
2018.1（2021.3重印）
（經典國學讀本）
ISBN 978-7-5554-0937-3

Ⅰ. ①周… Ⅱ. ①佚… Ⅲ. ①《周易》②中國歷史—
商周時代 Ⅳ. ①B221.1②K221.04

中國版本圖書館CIP數據核字(2017)第326722號

書　　名　周易　尚書
著　　者　佚　名
責任編輯　王志娟
出 版 人　曾學文
裝幀設計　鴻儒文軒・書心瞬意

出版發行　廣陵書社
揚州市維揚路 349 號　　　郵編：225009
http://www.yzglpub.com　　　E-mail:yzglss@163.com
印　　刷　三河市華東印刷有限公司

開　　本　880mm×1230mm　1/32
字　　數　100 千字
印　　張　8.25
版　　次　2018 年 3 月第 1 版
印　　次　2021 年 3 月第 2 次印刷
書　　號　ISBN 978-7-5554-0937-3
定　　價　45.00 元

編輯説明

自上世紀九十年代始，我社陸續編輯出版一套綫裝本中華傳統文化普及讀物，名爲《文華叢書》。編者孜孜矻矻，兀兀窮年，歷經二十載，聚爲上百種，集腋成裘，蔚爲可觀。叢書以内容經典、形式古雅、編校精審，深受讀者歡迎，不少品種已不斷重印，常銷常新。

國學經典，百讀不厭，其中藴含的生活情趣、生命哲理、人生智慧，以及家國情懷、歷史經驗、宇宙真諦，令人回味無窮，啓迪至深。爲了方便讀者閱讀國學原典，更廣泛地普及傳統文化，特于《文華叢書》基礎上，重加編輯，推出《經典國學讀本》叢書。

本叢書甄選國學之基本典籍，萃精華于一編。以内容言，所選均爲家喻户曉的經典名著，涵蓋經史子集，包羅詩詞文賦、小品蒙書，琳琅滿目；以篇幅言，每種規模不大，或數種彙于一書，便于誦讀；以形式言，採用傳統版式，字大文簡，讀來令人賞心悦目；以編輯言，力求精擇良善版本，細加校勘，注重精讀原文，偶作簡明小注，或酌配古典版畫，體現編輯的匠心。

當下國學典籍的出版方興未艾，品質參差不齊。希望這套我社經年打造的品牌叢書，能爲讀者朋友閱讀經典提供真正的精善讀本。

廣陵書社編輯部

二〇一七年十二月

出版説明

《周易》包括本經和解釋本經的部分。本經簡稱《易經》，凡六十四卦，每卦六爻，卦有卦名、卦辭，爻有爻題、爻辭。是西周初年作品，相傳爲周文王所作，不確。原爲卜筮之書，記載占卜原委以及人事吉凶。客觀上反映出上古社會的風俗禮儀、戰争、婚喪嫁娶等情境，有作者對于事情變化背後的倫理、善惡等的判斷和認識，含有簡單的哲學因素。用形象的圖來代表不變和變化，用簡單的文字來描繪這種變化，預言并記録結果，是有一定價值的上古史料。

解釋本經的部分，簡稱《易傳》。現存《易傳》是《易經》最古老的注解，含有彖、象、文言、系辭、説卦、序卦、雜卦七個部分，均作于戰國時期，非出于一人之手。正是《易傳》的解説將《易經》的闡述引入了哲學領域，因此構成了獨具特色的闡釋體系。其深曲奥義的辯證思維，特出于任何先秦經典，也成爲儒家六經之首。漢朝以後，對于《易經》的解讀，也因爲兩者本來復雜的關系，在側重《易傳》的哲學發衍，還是回到《易經》本身作爲卜筮之書的解讀上，著作和争論皆很多，魏王弼、宋朱熹等大家都做過相應的注解。可見《周易》本身的豐富性和經久不衰。

《尚書》，一説『尚』爲上，即上古之書或皇室文獻，記述當時歷史、追憶前時歷史事迹，是片段性史料的匯編。相傳爲孔子删定作序，不確。漢代以後很長時期與《周易》同爲儒家經典之一，地位亦僅次于《易》，自漢初有今文、古文（西漢初發現，相傳爲孔子後人孔安國整理）兩種不同的傳本，源頭一致，而在傳經方式上區别顯著。在今古文之争外，《尚書》還存在真僞之辨。東晉初年儒生梅賾獻五十九篇《尚書》，合今古文、真僞摻雜，兩千年來所見《尚書》多依此而編修，清十三經注疏本《尚書》就是這樣的今古文合編本。明清及近現代，很多學者如閻若璩、孫星衍、章太炎，對《尚書》傳承授受做了詳細的廓清，對今天理解和研究《尚書》頗有貢獻。

《尚書》今存二十九篇，内容涉及遠古之時天文、地理、政治、軍事、法律等知識，是考察當時社會歷史面貌的重要史料。此外，作爲記言體史書，大量記述了虞、夏、商、周時期著名政治家的言論，涵蓋了豐富的智慧和才略。《尚書》同《周易》一樣，雖奥義深理，然而幾千年來都被奉爲經典，漫長時期作爲政治家的參考、士子必讀之書，其中的思想滲透到上上下下各種社會層面。高山景行，遠古的回響在今天也不無意義，值得我們認識和重温。

《周易》《尚書》在成書年代和内容上關聯很多，將二書合爲一編，也是前人慣有的做法。我社分別選擇優良底本，并用參考現代大家整理研究的成果而編排校刊，意在傳承經典。有限于功力的淺薄，難免疏謬，欣望讀者賜教。

廣陵書社編輯部

二〇一七年十二月

周易

廣陵書社
中國·揚州

周文王

目録

乾 ䷀

《乾》：元、亨、利、貞。

初九：潜龍勿用。

九二：見龍在田，利見大人。

九三：君子終日乾乾，夕惕若厲，无咎。

九四：或躍在淵，无咎。

九五：飛龍在天，利見大人。

上九：亢龍有悔。

用九：見羣龍无首，吉。

《彖》曰：大哉乾元，萬物資始，乃統天。雲行雨施，品物流形。大明終始，六位時成。時乘六龍以御天。乾道變化，各正性命。保合大和，乃利貞。首出庶物，萬國咸寧。

《象》曰：天行健，君子以自强不息。『潛龍勿用』，陽在下也。『見龍在田』，德施普也。『終日乾乾』，反復道也。『或躍在淵』，進无咎也。『飛龍在天』，大人造也。『亢龍有悔』，盈不可久也。『用九』，天德不可爲首也。

《文言》曰：『元』者，善之長也；『亨』者，嘉之會也；『利』者，義之和也；『貞』者，事之幹也。君子體仁，足以長人；嘉會，足以合禮；利物，足以和義；貞固，足以幹事。君子行此四德者，故曰『乾：元、亨、利、貞。』

初九曰『潛龍勿用』，何謂也？子曰：『龍，德而隱者也。不易乎世，不成乎名，遯世无悶，不見是而无悶。樂則行之，憂則違之，確乎其不可拔，潛龍也。』

九二曰『見龍在田，利見大人』，何謂也？子曰：『龍德而正中者也。庸言之信，庸行之謹，閑邪存其誠，善世而不伐，德博而化。《易》曰：「見龍在田，利見大人」，君德也。』

九三曰『君子終日乾乾，夕惕若厲，无咎』，何謂也？子曰：『君子進德脩業。忠信所以進德也。脩辭立其誠，所以居業也。知至至之，可與幾也。知終終之，可與存義也。是故居上位而不驕，在下位而不憂，故乾乾因其時而惕，雖危无咎矣。』

九四曰『或躍在淵，无咎』，何謂也？子曰：『上下无常，非爲邪也。進退无恒，非離羣也。君子進德脩業，欲及時也，故无咎。』

九五曰『飛龍在天，利見大人』，何謂也？子曰：『同聲相應，同氣相求。水流濕，火就燥，雲從龍，風從虎，聖人作而萬物覩。本乎天者親上，本乎地者親下，則各從其類也。」

上九曰『亢龍有悔』，何謂也？子曰：『貴而无位，高而无民，賢人在下位而无輔，是以動而有悔也。』

『潛龍勿用』，下也。『見龍在田』，時捨也。『終日乾乾』，行事也。『或躍在淵』，自試也。『飛龍在天』，上治也。『亢龍有悔』，窮之災也。乾元『用九』，天下治也。

『潛龍勿用』，陽氣潛藏。『見龍在田』，天下文明。『終日乾乾』，與時偕行。『或躍在淵』，乾道乃革。『飛龍在天』，乃位乎天德。『亢龍有悔』，與時偕極。乾元『用九』，乃見天則。

《乾》『元』者，始而亨者也。『利貞』者，性情也。乾始，能以美利利天下，不言所利，大矣哉！大哉乾乎！剛健中正，純粹精也。六爻發揮，旁通情也。『時乘六龍』，以『御天』也。『雲行雨施』，天下平也。

君子以成德爲行，日可見之行也。『潛』之爲言也，隱而未見，行而未成，是以君子『弗用』也。

君子學以聚之，問以辯之，寬以居之，仁以行之。《易》曰『見龍在田，利見大人』，君德也。

九三重剛而不中，上不在天，下不在田，故乾乾因其時而惕，雖危无咎矣。

九四重剛而不中，上不在天，下不在田，中不在人，故『或』之。『或』之者，疑之也，故『无咎』。

夫『大人』者，與天地合其德，與日月合其明，與四時合其序，與鬼神合其吉凶，先天而天弗違，後天而奉天時。天且弗違，而况於人乎？况於鬼神乎？

『亢』之爲言也，知進而不知退，知存而不知亡，知得而不知喪。其唯聖人乎！知進退存亡而不失其正者，其唯聖人乎！

坤 ䷁

《坤》：元亨。利牝馬之貞。君子有攸往，先迷，後得主，利。西南得朋，東北喪朋。安貞吉。

《彖》曰：至哉坤元，萬物資生，乃順承天。坤厚載物，德合无疆。含弘光大，品物咸亨。『牝馬』地類，行地无疆，柔順利貞。『君子』攸行，先迷失道，後順得常。『西南得朋』，乃與類行。『東北喪朋』，乃終有慶。『安貞』之『吉』，應地无疆。

《象》曰：地勢坤。君子以厚德載物。

初六：履霜，堅冰至。《象》曰：『履霜，堅冰』，陰始凝也，馴致其道，至堅冰也。

六二，直、方、大，不習，无不利。《象》曰：六二之動，直以方也。『不習无不利』，地道光也。

六三，含章可貞，或從王事，无成有終。《象》曰『含章可貞』，以時發也。『或從王事』，知光大也。

六四，括囊，无咎无譽。《象》曰：『括囊无咎』，慎不害也。

六五，黄裳，元吉。《象》曰：『黄裳，元吉』，文在中也。

上六，龍戰于野，其血玄黄。《象》曰：『龍戰于野』，其道窮也。

用六，利永貞。《象》曰：用六『永貞』，以大終也。

《文言》曰：坤至柔而動也剛，至静而德方，後得主而有常，含萬物而化光。坤道其順乎，承天而時行。積善之家必有餘慶，積不善之家必有餘殃。臣弑其君，子弑其父，非一朝一夕之故，其所由來者漸矣，由辯之不早辯也。《易》曰：『履霜，堅冰至』，蓋言順也。『直』其正也，『方』其義也。君子敬以直内，義以方外，敬義立而德不孤。『直、方、大，不習无不利』，則不疑其所行也。陰雖有美，『含』之以從王事，弗敢成也。地道也，妻道也，臣道也。地道无成，而代有終也。天地變化，草木蕃。天地閉，賢人隱。《易》曰：『括囊，无咎无譽』，蓋言謹也。

君子黄中通理，正位居體，美在其中，而暢於四支，發於事業，美之至也。

陰疑於陽必『戰』，爲其嫌於无陽也，故稱『龍』焉。猶未離其類也，故稱『血』焉。夫『玄黄』者，天地之雜也，天玄而地黄。

屯 ䷂

《屯》：元亨，利貞。勿用有攸往。利建侯。

《彖》曰：屯，剛柔始交而難生。動乎險中，大亨貞。雷雨之動滿盈。天造草昧，宜建侯而不寧。

《象》曰：雲雷屯，君子以經綸。

初九，磐桓。利居貞，利建侯。《象》曰：雖『磐桓』，志行正也。以貴下賤，大得民也。

六二，屯如邅如，乘馬班如。匪寇婚媾。女子貞不字，十年乃字。《象》曰：六二之難，乘剛也。『十年乃字』，反常也。

六三，即鹿无虞，惟入于林中。君子幾，不如舍。往吝。《象》曰：『即鹿无虞』，以從禽也。君子舍之，往吝窮也。

六四，乘馬班如，求婚媾。往吉无不利。《象》曰：『求』而往，明也。

九五，屯其膏，小，貞吉；大，貞凶。《象》曰：『屯其膏』，施未光也。

上六，乘馬班如，泣血漣如。《象》曰：『泣血漣如』，何可長也。

蒙 ䷃

《蒙》：亨。匪我求童蒙，童蒙求我。初筮告，再三瀆，瀆則不告。利貞。

《彖》曰：蒙，山下有險，險而止，蒙。『蒙亨』，以亨行，時中也。『匪我求童蒙，童蒙求我』，志應也。『初筮告』，以剛中也。『再三瀆，瀆則不告』，瀆蒙也。蒙以養正，聖功也。

《象》曰：山下出泉，蒙。君子以果行育德。

初六，發蒙，利用刑人，用説桎梏，以往吝。《象》曰：『利用刑人』，以正法也。

九二，包蒙，吉。納婦吉，子克家。《象》曰：『子克家』，剛柔節也。

六三，勿用取女，見金夫，不有躬。无攸利。《象》曰：『勿用取女』，行不順也。

六四，困蒙，吝。《象》曰：『困蒙』之『吝』，獨遠實也。

六五，童蒙，吉。《象》曰：『童蒙』之『吉』，順以巽也。

上九，擊蒙，不利爲寇，利禦寇。《象》曰：『利』用『禦寇』，上下順也。

需 ䷄

《需》：有孚，光亨。貞吉，利涉大川。

《象》曰：『需』，須也。險在前也，剛健而不陷，其義不困窮矣。『需，有孚，光亨，貞吉』，位乎天位，以正中也。『利涉大川』，往有功也。

《象》曰：雲上於天，需。君子以飲食宴樂。

初九，需于郊，利用恒，无咎。《象》曰：『需于郊』，不犯難行也。『利用恒，无咎』，未失常也。

九二，需于沙，小有言，終吉。《象》曰：『需于沙』，衍在中也。雖『小有言』，以終吉也。

九三，需于泥，致寇至。《象》曰：『需于泥』，災在外也。自我『致寇』，敬慎不敗也。

六四，需于血，出自穴。《象》曰：『需于血』，順以聽也。

九五，需于酒食，貞吉。《象》曰：『酒食，貞吉』，以中正也。

上六，入于穴，有不速之客三人來，敬之終吉。《象》曰：『不速之客』來，『敬之終吉』，雖不當位，未大失也。

訟 ䷅

《訟》：有孚窒惕，中吉，終凶。利見大人。不利涉大川。

《象》曰：訟，上剛下險，險而健，訟。『訟有孚窒惕，中吉』，剛來而得中也。『終凶』，訟不可成也。『利見大人』，尚中正也。『不利涉大川』，入于淵也。

《象》曰：天與水違行，訟。君子以作事謀始。

初六，不永所事，小有言，終吉。《象》曰：『不永所事』，訟不可長也。雖『小有言』，其辯明也。

九二，不克訟，歸而逋。其邑人三百户，无眚。《象》曰：『不克訟』，歸逋竄也。自下訟上，患至掇也。

六三，食舊德，貞厲，終吉。或從王事，无成。《象》曰：『食舊德』，從上吉也。

九四，不克訟，復即命渝。安貞吉。《象》曰：『復即命渝』，安貞不失也。

九五：訟，元吉。《象》曰：『訟，元吉』，以中正也。

上九：或錫之鞶帶，終朝三褫之。《象》曰：以訟受服，亦不足敬也。

師 ䷆

《師》：貞，丈人吉，无咎。

《象》曰：『師』，衆也。『貞』，正也。能以衆正，可以王矣。剛中而應，行險而順，以此毒天下，而民從之，吉，又何咎矣！

《象》曰：地中有水，師。君子以容民畜衆。

初六，師出以律，否臧凶。《象》曰：『師出以律』，失律凶也。

九二，在師中，吉，无咎。王三錫命。《象》曰：『在師中，吉』，承天寵也。『王三錫命』，懷萬邦也。

六三，師或輿尸，凶。《象》曰：『師或輿尸』，大无功也。

六四，師左次，无咎。《象》曰：『左次，无咎』，未失常也。

六五，田有禽。利執言，无咎。長子帥師，弟子輿尸。貞凶。《象》曰：『長子帥師』，以中行也。『弟子輿尸』，使不當也。

上六，大君有命，開國承家，小人勿用。《象》曰：『大君有命』，以正功也。『小人勿用』，必亂邦也。

比 ䷇

《比》：吉。原筮，元永貞，无咎。不寧方來，後夫凶。

《象》曰：比，吉也；比，輔也，下順從也。『原筮，元永貞，无咎』，以剛中也。『不寧方來』，上下應也。『後夫凶』，其道窮也。

《象》曰：地上有水，比。先王以建萬國，親諸侯。

初六，有孚比之，无咎。有孚盈缶，終來有它，吉。《象》曰：比之初六，有它吉也。

六二，比之自内，貞吉。《象》曰：『比之自内』，不自失也。

六三，比之匪人。《象》曰：『比之匪人』，不亦傷乎？

六四，外比之，貞吉。《象》曰：『外比』於賢，以從上也。

九五，顯比，王用三驅，失前禽，邑人不誡，吉。《象》曰：『顯比』之吉，位正中也。捨逆取順，『失前禽』也。『邑人不誡』，上使中也。

上六，比之无首，凶。《象》曰：『比之无首』，无所終也。

小畜 ☰

《小畜》：亨。密雲不雨，自我西郊。

《彖》曰：『小畜』，柔得位而上下應之，曰小畜。健而巽，剛中而志行，乃『亨』。『密雲不雨』，尚往也。『自我西郊』，施未行也。

《象》曰：風行天上，『小畜』。君子以懿文德。

初九，復自道，何其咎？吉。《象》曰：『復自道』，其義『吉』也。

九二，牽復，吉。《象》曰：『牽復』在中，亦不自失也。

九三，輿説輻。夫妻反目。《象》曰：『夫妻反目』，不能正室也。

六四，有孚，血去惕出，无咎。《象》曰：『有孚』『惕出』，上合志也。

九五，有孚攣如，富以其鄰。《象》曰：『有孚』『攣如』，不獨富也。

上九，既雨既處，尚德載。婦貞厲。月幾望，君子徵凶。《象》曰：『既雨既處』，德積載也。『君子徵凶』，有所疑也。

履 ䷉

《履》：履虎尾，不咥人。亨。

《象》曰：『履』，柔履剛也。説而應乎乾，是以『履虎尾，不咥人。亨』。剛中正，履帝位而不疚，光明也。

《象》曰：上天下澤，『履』。君子以辯上下，定民志。

初九，素履往，无咎。《象》曰：『素履』之往，獨行願也。

九二，履道坦坦，幽人貞吉。《象》曰：『幽人貞吉』，中不自亂也。

六三，眇能視，跛能履，履虎尾，咥人，凶。武人爲于大君。《象》曰：『眇能視』，不足以有明也。『跛能履』，不足以與行也。『咥人之凶』，位不當也。『武人爲于大君』，志剛也。

九四，履虎尾，愬愬，終吉。《象》曰：『愬愬，終吉』，志行也。

九五，夬履，貞厲。《象》曰：『夬履，貞厲』，位正當也。

上九，視履考祥，其旋元吉。《象》曰：『元吉』在上，大有慶也。

泰 ䷊

《泰》：小往大來，吉亨。

《象》曰：『泰，小往大來，吉亨』，則是天地交而萬物通也，上下交而其志同也。內陽而外陰，內健而外順，內君子而外小人，君子道長，小人道消也。

《象》曰：天地交，泰。後以財成天地之道，輔相天地之宜，以左右民。

初九，拔茅茹，以其彙。徵吉。《象》曰：『拔茅』，『徵吉』，志在外也。

九二，包荒，用馮河，不遐遺。朋亡，得尚于中行。《象》曰：『包荒』，『得尚于中行』，以光大也。

九三，无平不陂，无往不復。艱貞无咎。勿恤其孚，于食有福。《象》曰：『无往不復』，天地際也。

六四，翩翩，不富以其鄰。不戒以孚。《象》曰：『翩翩，不富』，皆失實也。『不戒以孚』，中心願也。

六五，帝乙歸妹，以祉元吉。《象》曰：『以祉元吉』，中以行願也。

上六，城復于隍，勿用師，自邑告命。貞吝。《象》曰：『城復于隍』，其命亂也。

否 ䷋

《否》：否之匪人，不利君子貞。大往小來。

《彖》曰：『否之匪人，不利君子貞，大往小來』，則是天地不交而萬物不通也，上下不交而天下无邦也。內陰而外陽，內柔而外剛，內小人而外君子，小人道長，君子道消也。

《象》曰：天地不交，『否』。君子以儉德辟難，不可榮以祿。

初六，拔茅茹，以其彙。貞吉亨。《象》曰：『拔茅』，『貞吉』，志在君也。

六二，包承，小人吉，大人否亨。《象》曰：『大人否亨』，不亂羣也。

六三，包羞。《象》曰：『包羞』，位不當也。

九四，有命无咎，疇離祉。《象》曰：『有命无咎』，志行也。

九五，休否，大人吉。其亡其亡，繫于苞桑。《象》曰：『大人』之吉，位正當也。

上九，傾否，先否後喜。《象》曰：否終則傾，何可長也。

同人 ䷌

《同人》：同人于野，亨，利涉大川。利君子貞。

《象》曰：『同人』，柔得位得中，而應乎乾，曰『同人』。同人曰『同人于野，亨，利涉大川』，乾行也。文明以健，中正而應，君子正也，唯君子爲能通天下之志。

《象》曰：天與火，同人。君子以類族辨物。

初九，同人于門，无咎。《象》曰：出門『同人』，又誰咎也。

六二，同人于宗，吝。《象》曰：『同人于宗』，吝道也。

九三，伏戎于莽。升其高陵，三歲不興。《象》曰：『伏戎于莽』，敵剛也。『三歲不興』，安行也。

九四，乘其墉，弗克攻，吉。《象》曰：『乘其墉』，義弗克也。其『吉』，則困而反則也。

九五，同人先號咷而後笑，大師克相遇。《象》曰：同人之『先』，以中直也。『大師』相遇，言相克也。

上九，同人于郊，无悔。《象》曰：『同人于郊』，志未得也。

大有 ䷍

《大有》：元亨。

《彖》曰：『大有』，柔得尊位大中，而上下應之，曰『大有』。其德剛健而文明，應乎天而時行，是以『元亨』。

《象》曰：火在天上，『大有』。君子以遏惡揚善，順天休命。

初九，无交害，匪咎。艱則无咎。《象》曰：大有初九，无交害也。

九二，大車以載，有攸往，无咎。《象》曰：『大車以載』，積中不敗也。

九三，公用亨于天子，小人弗克。《象》曰：『公用亨于天子』，小人害也。

九四，匪其彭，无咎。《象》曰：『匪其彭，无咎』，明辯晳也。

六五，厥孚交如，威如，吉。《象》曰：『厥孚交如』，信以發志也。『威如』之吉，易而无備也。

上九，自天祐之，吉，无不利。《象》曰：大有上吉，自天祐也。

謙 ䷎

《謙》：亨。君子有終。

《彖》曰：謙，亨。天道下濟而光明，地道卑而上行。天道虧盈而益謙，地道變盈而流謙，鬼神害盈而福謙，人道惡盈而好謙。謙，尊而光，卑而不可踰，君子之終也。

《象》曰：地中有山，謙。君子以裒多益寡，稱物平施。

初六，謙謙君子，用涉大川，吉。《象》曰：『謙謙君子』，卑以自牧也。

六二，鳴謙，貞吉。《象》曰：『鳴謙，貞吉』，中心得也。

九三，勞謙君子，有終吉。《象》曰：『勞謙』君子，萬民服也。

六四，无不利，撝謙。《象》曰：『无不利，撝謙』，不違則也。

六五，不富以其鄰，利用侵伐，无不利。《象》曰：『利用侵伐』，徵不服也。

上六，鳴謙，利用行師徵邑國。《象》曰：『鳴謙』，志未得也。可用『行師，徵邑國』也。

豫 ䷏

《豫》：利建侯行師。

《象》曰：豫，剛應而志行。順以動，豫。豫順以動，故天地如之，而况『建侯行師』乎！天地以順動，故日月不過，而四時不忒。聖人以順動，則刑罰清而民服。豫之時義大矣哉！

《象》曰：雷出地奮，豫。先王以作樂崇德，殷薦之上帝，以配祖考。

初六，鳴豫，凶。《象》曰：初六『鳴豫』，志窮凶也。

六二，介于石。不終日，貞吉。《象》曰：『不終日，貞吉』，以中正也。

六三，盱豫，悔，遲有悔。《象》曰：『盱豫』『不悔』，位不當也。

九四，由豫，大有得。勿疑，朋盍簪。《象》曰：『由豫，大有得』，志大行也。

六五，貞疾，恒不死。《象》曰：六五『貞疾』，乘剛也。『恒不死』，中未亡也。

上六，冥豫成，有渝。无咎。《象》曰：『冥豫』在上，何可長也？

隨 ䷐

《隨》：元亨，利貞。无咎。

《彖》曰：隨，剛來而下柔，動而說，隨。大『亨』貞『无咎』，而天下隨時，隨時。之義大矣哉！

《象》曰：澤中有雷，隨。君子以向晦入宴息。

初九，官有渝，貞吉。出門交有功。《象》曰：『官有渝』，從正吉也。『出門交有功』，不失也。

六二，係小子，失丈夫。《象》曰：『係小子』，弗兼與也。

六三，係丈夫，失小子，隨有求得。利居貞。《象》曰：『係丈夫』，志舍下也。

九四，隨有獲，貞凶。有孚在道以明，何咎？《象》曰：『隨有獲』，其義凶也。『有孚在道』，明功也。

九五，孚于嘉，吉。《象》曰：『孚于嘉，吉』，位正中也。

上六，拘係之，乃從維之，王用亨于西山。《象》曰：『拘係之』，上窮也。

蠱 ䷑

《蠱》：元亨。利涉大川，先甲三日，後甲三日。

《彖》曰：蠱，剛上而柔下，巽而止，蠱。蠱，『元亨』，而天下治也。『利涉大川』，往有事也。『先甲三日，後甲三日』，終則有始，天行也。

《象》曰：山下有風，蠱。君子以振民育德。

初六，幹父之蠱，有子，考无咎。厲終吉。《象》曰：『幹父之蠱』，意承考也。

九二，幹母之蠱，不可貞。《象》曰：『幹母之蠱』，得中道也。

九三，幹父之蠱，小有悔，无大咎。《象》曰：『幹父之蠱』，終无咎也。

六四，裕父之蠱，往見吝。《象》曰：『裕父之蠱』，往未得也。

六五，幹父之蠱，用譽。《象》曰：『幹父用譽』，承以德也。

上九，不事王侯，高尚其事。《象》曰：『不事王侯』，志可則也。

臨 ䷒

《臨》：元亨，利貞。至于八月有凶。

《象》曰：臨，剛浸而長，說而順，剛中而應。大亨以正，天之道也。『至于八月有凶』，消不久也。

《象》曰：澤上有地，臨。君子以教思无窮，容保民无疆。

初九，咸臨，貞吉。《象》曰：『咸臨，貞吉』，志行正也。

九二，咸臨，吉，无不利。《象》曰：『咸臨，吉，无不利』，未順命也。

六三，甘臨，无攸利；既憂之，无咎。《象》曰：『甘臨』，位不當也。『既憂之』，咎不長也。

六四，至臨，无咎。《象》曰：『至臨，无咎』，位當也。

六五，知臨，大君之宜，吉。《象》曰：『大君之宜』，行中之謂也。

上六，敦臨，吉，无咎。《象》曰：『敦臨』之吉，志在内也。

觀 ䷓

《觀》：盥而不薦。有孚顒若。

《彖》曰：大觀在上，順而巽，中正以觀天下，觀。『盥而不薦，有孚顒若』，下觀而化也。觀天之神道，而四時不忒，聖人以神道設教，而天下服矣。

《象》曰：風行地上，觀。先王以省方觀民設教。

初六，童觀，小人无咎，君子吝。《象》曰：初六『童觀』，『小人』道也。

六二，闚觀，利女貞。《象》曰：『闚觀』，『女貞』，亦可丑也。

六三，觀我生進退。《象》曰：『觀我生進退』，未失道也。

六四，觀國之光，利用賓于王。《象》曰：『觀國之光』，尚賓也。

九五，觀我生，君子无咎。《象》曰：『觀我生』，觀民也。

上九，觀其生，君子无咎。《象》曰：『觀其生』，志未平也。

噬嗑 ䷔

《噬嗑》：亨。利用獄。

《象》曰：頤中有物曰噬嗑。『噬嗑』而『亨』，剛柔分，動而明，雷電合而章。柔得中而上行，雖不當位，『利用獄』也。

《象》曰：雷電，噬嗑，先王以明罰敕法。

初九，屨校滅趾，无咎。《象》曰：『屨校滅趾』，不行也。

六二，噬膚滅鼻，无咎。《象》曰：『噬膚滅鼻』，乘剛也。

六三，噬臘肉，遇毒，小吝，无咎。《象》曰：『遇毒』，位不當也。

九四，噬乾胏，得金矢。利艱貞吉。《象》曰：『利艱貞吉』，未光也。

六五，噬乾肉，得黄金。貞厲，无咎。《象》曰：『貞厲无咎』，得當也。

上九，何校滅耳，凶。《象》曰：『何校滅耳』，聰不明也。

賁 ䷕

《賁》：亨。小利有攸往。

《象》曰：賁『亨』，柔來而文剛，故『亨』。分剛上而文柔，故『小利有攸往』，天文也。文明以止，人文也。觀乎天文，以察時變；觀乎人文，以化成天下。

《象》曰：山下有火，賁。君子以明庶政，无敢折獄。

初九，賁其趾，捨車而徒。《象》曰：『捨車而徒』，義弗乘也。

六二，賁其須。《象》曰：『賁其須』，與上興也。

九三，賁如濡如，永貞吉。《象》曰：『永貞』之『吉』，終莫之陵也。

六四，賁如皤如，白馬翰如。匪寇婚媾。《象》曰：六四當位疑也。『匪寇婚媾』，終无尤也。

六五，賁于丘園，束帛戔戔，吝終吉。《象》曰：六五之『吉』，有喜也。

上九，白賁，无咎。《象》曰：『白賁，无咎』，上得志也。

剥 ䷖

《剥》：不利有攸往。

《象》曰：剥，剥也。柔變剛也。『不利有攸往』，小人長也。順而止之，觀象也。君子尚消息盈虛，天行也。

《象》曰：山附於地，剥。上以厚下安宅。
初六：剥牀以足，蔑貞凶。《象》曰：『剥牀以足』，以滅下也。
六二：剥牀以辨，蔑貞凶。《象》曰：『剥牀以辨』，未有與也。
六三：剥之，无咎。《象》曰：『剥之，无咎』，失上下也。
六四：剥牀以膚，凶。《象》曰：『剥牀以膚』，切近灾也。
六五：貫魚以宫人寵，无不利。《象》曰：『以宫人寵』，終无尤也。
上九：碩果不食。君子得輿，小人剥廬。《象》曰：『君子得輿』，民所載也。『小人剥廬』，終不可用也。

復 ䷗

《復》：亨。出入无疾。朋來无咎。反復其道，七日來復，利有攸往。

《彖》曰：復『亨』，剛反。動而以順行，是以『出入无疾，朋來无咎』。『反復其道，七日來復』，天行也。『利有攸往』，剛長也。復，其見天地之心乎！

《象》曰：雷在地中，復。先王以至日閉關，商旅不行，後不省方。

初九，不遠復，无祇悔，元吉。《象》曰：『不遠』之『復』，以脩身也。

六二，休復，吉。《象》曰：『休復』之吉，以下仁也。

六三，頻復，厲，无咎。《象》曰：『頻復』之『厲』，義无咎也。

六四，中行獨復。《象》曰：『中行獨復』，以從道也。

六五，敦復，无悔。《象》曰：『敦復，无悔』，中以自考也。

上六，迷復。凶，有災眚。用行師，終有大敗，以其國君凶，至于十年不克徵。《象》曰：『迷復』之凶，反君道也。

无妄 ䷘

《无妄》：元亨，利貞。其匪正，有眚，不利有攸往。

《彖》曰：无妄，剛自外來而爲主於內，動而健，剛中而應。大亨以正，天之命也。『其匪正，有眚，不利有攸往』，无妄之往，何之矣？天命不祐，行矣哉！

《象》曰：天下雷行，物與无妄。先王以茂對時育萬物。

初九，无妄往，吉。《象》曰：『无妄』之往，得志也。

六二，不耕穫，不菑畬，則利用攸往。《象》曰：『不耕穫』，未富也。

六三，无妄之災，或繫之牛，行人之得，邑人之災。《象》曰：『行人』得牛，『邑人』災也。

九四，可貞，无咎。《象》曰：『可貞，无咎』，固有之也。

九五，无妄之疾，勿藥有喜。《象》曰：『无妄』之藥，不可試也。

上九，无妄行有眚，无攸利。《象》曰：『无妄』之行，窮之災也。

大畜 ䷙

《大畜》：利貞。不家食，吉。利涉大川。

《彖》曰：大畜，剛健篤實，輝光日新其德，剛上而尚賢，能止健，大正也。『不家食，吉』，養賢也。『利涉大川』，應乎天也。

《象》曰：天在山中，大畜。君子以多識前言往行，以畜其德。

初九，有厲，利已。《象》曰：『有厲，利已』，不犯災也。

九二，輿説輹。《象》曰：『輿説輹』，中无尤也。

九三，良馬逐，利艱貞，曰閑輿衛，利有攸往。《象》曰：『利有攸往』，上合志也。

六四，童牛之牿，元吉。《象》曰：六四『元吉』，有喜也。

六五，豶豕之牙，吉。《象》曰：六五之『吉』，有慶也。

上九，何天之衢，亨。《象》曰：『何天之衢』，道大行也。

頤䷚

《頤》：貞吉。觀頤，自求口實。

《象》曰：頤『貞吉』，養正則吉也。『觀頤』，觀其所養也。『自求口實』，觀其自養也。天地養萬物，聖人養賢以及萬民，頤之時大矣哉！

《象》曰：山下有雷，頤。君子以慎言語，節飲食。

初九，捨爾靈龜，觀我朵頤，凶。《象》曰：『觀我朵頤』，亦不足貴也。

六二，顛頤拂經于丘頤，徵凶。《象》曰：六二『徵凶』，行失類也。

六三，拂頤，貞凶，十年勿用，无攸利。《象》曰：『十年勿用』，道大悖也。

六四，顛頤，吉。虎視眈眈，其欲逐逐，无咎。《象》曰：『顛頤』之『吉』，上施光也。

六五，拂經，居貞吉，不可涉大川。《象》曰：『居貞』之『吉』，順以從上也。

上九，由頤，厲吉。利涉大川。《象》曰：『由頤，厲吉』，大有慶也。

大過 ䷛

《大過》：棟橈。利有攸往，亨。

《彖》曰：『大過』，大者過也。『棟橈』，本末弱也。剛過而中，巽而説行。『利有攸往』，乃『亨』。『大過』之時大矣哉！

《象》曰：澤滅木，大過。君子以獨立不懼，遯世无悶。

初六，藉用白茅，无咎。《象》曰：『藉用白茅』，柔在下也。

九二，枯楊生稊，老夫得其女妻，无不利。《象》曰：『老夫』『女妻』，過以相與也。

九三，棟橈，凶。《象》曰：『棟橈』之『凶』，不可以有輔也。

九四，棟隆，吉。有它，吝。《象》曰：『棟隆』之『吉』，不橈乎下也。

九五，枯楊生華，老婦得其士夫，无咎无譽。《象》曰：『枯楊生華』，何可久也。『老婦』『士夫』，亦可丑也。

上六，過涉滅頂，凶。无咎。《象》曰：『過涉』之『凶』，不可咎也。

坎 ䷜

《習坎》：有孚。維心亨，行有尚。

《象》曰：『習坎』，重險也。水流而不盈。行險而不失其信。『維心亨』，乃以剛中也。『行有尚』，往有功也。天險，不可升也。地險，山川丘陵也。王公設險以守其國。險之時用大矣哉！

《象》曰：水洊至，習坎。君子以常德行，習教事。

初六，習坎，入于坎窞，凶。《象》曰：『習坎』入坎，失道凶也。

九二，坎有險，求小得。《象》曰：『求小得』，未出中也。

六三，來之坎坎，險且枕。入于坎窞，勿用。《象》曰：『來之坎坎』，終无功也。

六四，樽酒簋貳用缶，納約自牖，終无咎。《象》曰：『樽酒簋貳』，剛柔際也。

九五，坎不盈，祇既平，无咎。《象》曰：『坎不盈』，中未大也。

上六，係用徽纆，寘于叢棘，三歲不得，凶。《象》曰：上六失道，凶『三歲』也。

離 ䷝

《離》：利貞，亨。畜牝牛吉。

《象》曰：離，麗也。日月麗乎天，百穀草木麗乎土。重明以麗乎正，乃化成天下。柔麗乎中正，故『亨』，是以『畜牝牛吉』也。

《象》曰：明兩作，離。大人以繼明照于四方。

初九，履錯然，敬之无咎。《象》曰：『履錯』之『敬』，以辟咎也。

六二，黄離，元吉。《象》曰：『黄離，元吉』，得中道也。

九三，日昃之離。不鼓缶而歌，則大耋之嗟，凶。《象》曰：『日昃之離』，何可久也！

九四，突如其來如，焚如，死如，棄如。《象》曰：『突如其來如』，无所容也。

六五，出涕沱若，戚嗟若。吉。《象》曰：六五之吉，離王公也。

上九，王用出徵，有嘉折首，獲匪其醜，无咎。《象》曰：『王用出徵』，以正邦也。

咸 ䷞

咸：亨，利貞。取女吉。

《彖》曰：咸，感也。柔上而剛下，二氣感應以相與。止而説，男下女，是以『亨，利貞。取女吉』也。天地感而萬物化生，聖人感人心而天下和平。觀其所感，而天地萬物之情可見矣。

《象》曰：山上有澤，咸。君子以虛受人。

初六，咸其拇。《象》曰：『咸其拇』，志在外也。

六二，咸其腓，凶。居吉。《象》曰：雖『凶，居吉』，順不害也。

九三，咸其股，執其隨，往吝。《象》曰：『咸其股』，亦不處也。志在隨人，所執下也。

九四，貞吉悔亡。憧憧往來，朋從爾思。《象》曰：『貞吉悔亡』，未感害也。『憧憧往來』，未光大也。

九五，咸其脢，无悔。《象》曰：『咸其脢』，志末也。

上六，咸其輔頰舌。《象》曰：『咸其輔頰舌』，滕口説也。

恒 ䷟

恒：亨。无咎，利貞。利有攸往。

《象》曰：恒，久也。剛上而柔下。雷風相與，巽而動，剛柔皆應，恒。『恒，亨。无咎，利貞』，久於其道也。天地之道，恒久而不已也。『利有攸往』，終則有始也。日月得天而能久照，四時變化而能久成。聖人久於其道，而天下化成。觀其所恒，而天地萬物之情可見矣。

《象》曰：雷風恒。君子以立不易方。

初六，浚恒，貞凶，无攸利。《象》曰：『浚恒』之『凶』，始求深也。

九二，悔亡。《象》曰：九二『悔亡』，能久中也。

九三，不恒其德，或承之羞，貞吝。《象》曰：『不恒其德』，无所容也。

九四，田无禽。《象》曰：久非其位，安得禽也。

六五，恒其德，貞，婦人吉，夫子凶。《象》曰：『婦人』貞吉，從一而終也。『夫子』制義，從婦凶也。

上六，振恒，凶。《象》曰：『振恒』在上，大无功也。

遯 ䷠

《遯》：亨。小利貞。

《彖》曰：遯『亨』，遯而亨也。剛當位而應，與時行也。『小利貞』，浸而長也。遯之時義大矣哉！

《象》曰：天下有山，遯。君子以遠小人，不惡而嚴。

初六，遯尾，厲，勿用有攸往。《象》曰：『遯尾』之『厲』，不往何災也？

六二，執之用黄牛之革，莫之勝説。《象》曰：執『用黄牛』，固志也。

九三，係遯，有疾厲，畜臣妾吉。《象》曰：『係遯』之『厲』，有疾憊也。『畜臣妾吉』，不可大事也。

九四，好遯，君子吉，小人否。《象》曰：君子『好遯，小人否』也。

九五，嘉遯，貞吉。《象》曰：『嘉遯貞吉』，以正志也。

上九，肥遯，无不利。《象》曰：『肥遯，无不利』，无所疑也。

大壯 ䷡

《大壯》：利貞。

《象》曰：大壯，大者壯也。剛以動，故壯。大壯『利貞』，大者正也。正大，而天地之情可見矣。

《象》曰：雷在天上，大壯。君子以非禮弗履。

初九，壯于趾，徵凶有孚。《象》曰：『壯于趾』，其『孚』窮也。

九二，貞吉。《象》曰：九二『貞吉』，以中也。

九三，小人用壯，君子用罔。貞厲。羝羊觸藩，羸其角。《象》曰：『小人用壯』，君子以罔也。

九四，貞吉悔亡。藩決不羸，壯于大輿之輹。《象》曰：『藩決不羸』，尚往也。

六五，喪羊于易，无悔。《象》曰：『喪羊于易』，位不當也。

上六，羝羊觸藩，不能退，不能遂，无攸利，艱則吉。《象》曰：『不能退，不能遂』，不詳也。『艱則吉』，咎不長也。

晋 ䷢

《晋》：康侯用錫馬蕃庶，晝日三接。

《象》曰：晋，進也，明出地上。順而麗乎大明。柔進而上行，是以『康侯用錫馬蕃庶，晝日三接』也。

《象》曰：『明出地上』，晉。君子以自昭明德。

初六，晉如摧如，貞吉。罔孚。裕无咎。《象》曰：『晉如摧如』，獨行正也。『裕无咎』，未受命也。

六二，晉如愁如，貞吉。受兹介福，于其王母。《象》曰：『受兹介福』，以中正也。

六三，衆允，悔亡。《象》曰：『衆允』之志，上行也。

九四，晉如鼫鼠，貞厲。《象》曰：『鼫鼠，貞厲』，位不當也。

六五，悔亡，失得勿恤。往吉，无不利。《象》曰：『失得勿恤』，往有慶也。

上九，晉其角，維用伐邑。厲吉无咎。貞吝。《象》曰：『維用伐邑』，道未光也。

明夷 ䷣

《明夷》：利艱貞。

《彖》曰：明入地中，『明夷』。内文明而外柔順，以蒙大難，文王以之。『利艱貞』，晦其明也。内難而能正其志，箕子以之。

《象》曰：明入地中，『明夷』。君子以莅衆用晦而明。

初九，明夷于飛垂其翼。君子于行，三日不食。有攸往，主人有言。

《象》曰：『君子于行』，義不食也。

六二，明夷夷于左股。用拯馬壯，吉。《象》曰：六二之『吉』，順以則也。

九三，明夷于南狩，得其大首。不可疾貞。《象》曰：『南狩』之志，乃得大也。

六四，入于左腹。獲明夷之心，于出門庭。《象》曰：『入于左腹』，獲心意也。

六五，箕子之明夷，利貞。《象》曰：『箕子』之貞，明不可息也。

上六，不明晦，初登于天，後入于地。《象》曰：『初登于天』，照四國也。『後入天地』，失則也。

家人 ䷤

《家人》：利女貞。

《象》曰：家人，女正位乎内，男正位乎外。男女正，天地之大義也。

家人有嚴君焉，父母之謂也。父父、子子、兄兄、弟弟、夫夫、婦婦，而家道正。正家，而天下定矣。

《象》曰：風自火出，家人。君子以言有物而行有恒。

初九，閑有家，悔亡。《象》曰：『閑有家』，志未變也。

六二，无攸遂，在中饋，貞吉。《象》曰：六二之『吉』，順以巽也。

九三，家人嗃嗃，悔厲吉；婦子嘻嘻，終吝。《象》曰：『家人嗃嗃』，未失也。『婦子嘻嘻』，失家節也。

六四，富家，大吉。《象》曰：『富家，大吉』，順在位也。

九五，王假有家，勿恤，吉。《象》曰：『王假有家』，交相愛也。

上九，有孚威如，終吉。《象》曰：『威如』之『吉』，反身之謂也。

睽 ䷥

《睽》：小事吉。

《彖》曰：睽，火動而上，澤動而下。二女同居，其志不同行。説而麗乎明，柔進而上行，得中而應乎剛，是以『小事吉』。天地睽而其事同也，男女睽而其志通也，萬物睽而其事類也。睽之時用大矣哉！

《象》曰：上火下澤，睽。君子以同而異。

初九，悔亡。喪馬勿逐，自復。見惡人，无咎。《象》曰：『見惡人』，以辟咎也。

九二，遇主于巷，无咎。《象》曰：『遇主于巷』，未失道也。

六三，見輿曳，其牛掣其人，天且劓，无初有終。《象》曰：『見輿曳』，位不當也。『无初有終』，遇剛也。

九四，睽孤遇元夫，交孚，厲，无咎。《象》曰：『交孚』，『无咎』，志行也。

六五，悔亡。厥宗噬膚，往何咎？《象》曰：『厥宗噬膚』，往有慶也。

上九，睽孤。見豕負塗，載鬼一車，先張之弧，後説之弧。匪寇婚媾。往遇雨則吉。《象》曰：『遇雨之吉』，群疑亡也。

蹇 ䷦

《蹇》：利西南，不利東北。利見大人。貞吉。

《彖》曰：蹇，難也，險在前也。見險而能止，知矣哉！蹇，『利西南』，往得中也。『不利東北』，其道窮也。『利見大人』，往有功也。當位『貞吉』，以正邦也。蹇之時用大矣哉！

《象》曰：山上有水，蹇。君子以反身修德。

初六，往蹇來譽。《象》曰：『往蹇來譽』，宜待也。

六二，王臣蹇蹇，匪躬之故。《象》曰：『王臣蹇蹇』，終无尤也。

九三，往蹇來反。《象》曰：『往蹇來反』，内喜之也。

六四，往蹇來連。《象》曰：『往蹇來連』，當位實也。

九五，大蹇朋來。《象》曰：『大蹇朋來』，以中節也。

上六，往蹇來碩，吉，利見大人。《象》曰：『往蹇來碩』，志在内也。『利見大人』，以從貴也。

解 ䷧

《解》：利西南。无所往，其來復吉。有攸往夙吉。

《彖》曰：解，險以動，動而免乎險，解。解『利西南』，往得衆也。『其來復吉』，乃得中也。『有攸往夙吉』，往有功也。天地解而雷雨作，雷雨作而百果草木皆甲坼。解之時大矣哉！

《象》曰：雷雨作，解。君子以赦過宥罪。

初六，无咎。《象》曰：剛柔之際，義『无咎』也。

九二，田獲三狐，得黄矢，貞吉。《象》曰：九二『貞吉』，得中道也。

六三，負且乘，致寇至，貞吝。《象》曰：『負且乘』，亦可丑也。自我致戎，又誰咎也！

九四，解而拇，朋至斯孚。《象》曰：『解而拇』，未當位也。

六五，君子維有解，吉。有孚于小人。《象》曰：君子『有解』，小人退也。

上六，公用射隼于高墉之上，獲之。无不利。《象》曰：『公用射隼』，以解悖也。

損 ䷨

《損》：有孚。元吉，无咎，可貞。利有攸往。曷之用二簋？可用享。

《象》曰：損，損下益上，其道上行。損而『有孚，元吉，无咎，可貞。利有攸往，曷之用二簋？可用享』，二簋應有時。損剛益柔有時，損益盈虛，與時偕行。

《象》曰：山下有澤，損。君子以懲忿窒欲。

初九，已事遄往，无咎。酌損之。《象》曰：『已事遄往』，尚合志也。

九二，利貞。徵凶。弗損益之。《象》曰：九二『利貞』，中以爲志也。

六三，三人行則損一人，一人行則得其友。《象》曰：『一人』行，『三』則疑也。

六四，損其疾，使遄有喜，无咎。《象》曰：『損其疾』，亦可喜也。

六五，或益之十朋之龜，弗克違，元吉。《象》曰：六五『元吉』，自上祐也。

上九，弗損益之，无咎，貞吉。利有攸往。得臣无家。《象》曰：『弗損益之』，大得志也。

益 ䷩

《益》：利有攸往。利涉大川。

《彖》曰：『益』，損上益下，民説无疆。自上下下，其道大光。『利有攸往』，中正有慶。『利涉大川』，木道乃行。益動而巽，日進无疆。天施地生，其益无方。凡益之道，與時偕行。

《象》曰：風雷益。君子以見善則遷，有過則改。

初九，利用爲大作，元吉无咎。《象》曰：『元吉无咎』，下不厚事也。

六二，或益之十朋之龜，弗克違。永貞吉。王用享于帝，吉。《象》曰：『或益之』，自外來也。

六三，益之用凶事，无咎。有孚中行，告公用圭。《象》曰：『益用凶事』，固有之也。

六四，中行告公從，利用爲依遷國。《象》曰：『告公從』，以益志也。

九五，有孚惠心，勿問，元吉。有孚，惠我德。《象》曰：『有孚惠心』，勿問之矣。『惠我德』，大得志也。

上九，莫益之，或擊之，立心勿恒，凶。《象》曰：『莫益之』，偏辭也。『或擊之』，自外來也。

夬 ䷪

《夬》：揚于王庭。孚號有厲。告自邑，不利即戎，利有攸往。

《象》曰：『夬』，決也，剛決柔也。健而説，決而和。『揚于王庭』，柔乘五剛也。『孚號有厲』，其危乃光也。『告自邑，不利即戎』，所尚乃窮也。『利有攸往』，剛長乃終也。
《象》曰：澤上於天，夬。君子以施禄及下，居德則忌。
初九，壯于前趾，往不勝爲咎。《象》曰：『不勝而往』，咎也。
九二，惕號，莫夜有戎，勿恤。《象》曰：『有戎，勿恤』，得中道也。
九三，壯于頄，有凶。君子夬夬，獨行，遇雨若濡，有愠，无咎。《象》曰：『君子夬夬』，終无咎也。
九四，臀无膚，其行次且。牽羊悔亡，聞言不信。《象》曰：『其行次且』，位不當也。『聞言不信』，聰不明也。
九五，莧陸夬夬，中行无咎。《象》曰：『中行无咎』，中未光也。
上六，无號，終有凶。《象》曰：『无號』之凶，終不可長也。

姤 ䷫

《姤》：女壯，勿用取女。

《彖》曰：姤，遇也，柔遇剛也。『勿用取女』，不可與長也。天地相遇，品物咸章也。剛遇中正，天下大行也。姤之時義大矣哉！

《象》曰：天下有風，姤。後以施命誥四方。

初六，繫于金柅，貞吉。有攸往，見凶，羸豕孚蹢躅。《象》曰：『繫于金柅』，柔道牽也。

九二，包有魚，无咎，不利賓。《象》曰：『包有魚』，義不及賓也。

九三，臀无膚，其行次且，厲无大咎。《象》曰：『其行次且』，行未牽也。

九四，包无魚，起凶。《象》曰：『无魚』之『凶』，遠民也。

九五，以杞包瓜，含章，有隕自天。《象》曰：九五『含章』，中正也。『有隕自天』，志不捨命也。

上九，姤其角，吝，无咎。《象》曰：『姤其角』，上窮吝也。

萃 ䷬

《萃》：亨。王假有廟。利見大人，亨利貞。用大牲吉。利有攸往。

《象》曰：『萃』，聚也。順以説，剛中而應，故聚也。『王假有廟』，致孝享也。『利見大人，亨』，聚以正也。『用大牲吉。利有攸往』，順天命也。觀其所聚，而天地萬物之情可見矣！

《象》曰：澤上於地，萃。君子以除戎器，戒不虞。

初六，有孚不終，乃亂乃萃，若號，一握爲笑。勿恤，往无咎。《象》曰：『乃亂乃萃』，其志亂也。

六二，引吉，无咎，孚乃利用禴。《象》曰：『引吉无咎』，中未變也。

六三，萃如嗟如，无攸利，往无咎，小吝。《象》曰：『往无咎』，上巽也。

九四，大吉，无咎。《象》曰：『大吉，无咎』，位不當也。

九五，萃有位，无咎。匪孚，元永貞，悔亡。《象》曰：『萃有位』，志未光也。

上六，齎咨涕洟，无咎。《象》曰：『齎咨涕洟』，未安上也。

升 ䷭

《升》：元亨。用見大人，勿恤。南徵吉。

《象》曰：柔以時升，巽而順，剛中而應，是以大亨，『用見大人，勿恤』，有慶也。『南徵吉』，志行也。

《象》曰：地中生木，升。君子以順德，積小以高大。

初六，允升，大吉。《象》曰：『允升，大吉』，上合志也。

九二，孚乃利用禴，无咎。《象》曰：九二之『孚』，有喜也。

九三，升虛邑。《象》曰：『升虛邑』，无所疑也。

六四，王用亨于岐山，吉，无咎。《象》曰：『王用亨于岐山』，順事也。

六五，貞吉，升階。《象》曰：『貞吉，升階』，大得志也。

上六，冥升，利于不息之貞。《象》曰：『冥升』在上，消不富也。

困 ䷮

《困》：亨。貞大人吉，无咎。有言不信。

《彖》曰：『困』，剛揜也。險以説，困而不失其所，『亨』，其唯君子乎。『貞大人吉』，以剛中也。『有言不信』，尚口乃窮也。

《象》曰：澤无水，困。君子以致命遂志。

初六，臀困于株木，入于幽谷，三歲不覿。《象》曰：『入于幽谷』，幽不明也。

九二，困于酒食，朱紱方來。利用享祀。徵凶，无咎。《象》曰：『困于酒食』，中有慶也。

六三，困于石，據于蒺藜，入于其宫，不見其妻，凶。《象》曰：『據于蒺藜』，乘剛也。『入于其宫，不見其妻』，不祥也。

九四，來徐徐，困于金車，吝，有終。《象》曰：『來徐徐』，志在下也。雖不當位，有與也。

九五，劓刖，困于赤紱，乃徐有説，利用祭祀。《象》曰：『劓刖』，志未得也。『乃徐有説』，以中直也。『利用祭祀』，受福也。

上六，困于葛藟，于臲卼，曰動悔有悔，徵吉。《象》曰：『困于葛藟』，未當也。『動悔有悔』，吉行也。

井 ䷯

《井》：改邑不改井。无喪无得。往來井井。汔至，亦未繘井，羸其瓶，凶。

《象》曰：巽乎水而上水，井。井養而不窮也。『改邑不改井』，乃以剛中也。『汔至，亦未繘井』，未有功也。『羸其瓶』，是以凶也。

《象》曰：木上有水，井。君子以勞民勸相。

初六，井泥不食。舊井无禽。《象》曰：『井泥不食』，下也。『舊井无禽』，時舍也。

九二，井谷射鮒，甕敝漏。《象》曰：『井谷射鮒』，无與也。

九三，井渫不食，爲我心惻。可用汲，王明並受其福。《象》曰：『井渫不食』，行惻也。求『王明』，受福也。

六四，井甃，无咎。《象》曰：『井甃无咎』，脩井也。

九五，井洌，寒泉食。《象》曰：『寒泉』之食，中正也。

上六，井收勿幕，有孚元吉。《象》曰：『元吉』在『上』，大成也。

革 ䷰

《革》：巳日乃孚，元亨。利貞，悔亡。

《象》曰：革，水火相息，二女同居，其志不相得曰革。『巳日乃孚』，革而信之。文明以説，大亨以正。革而當，其悔乃亡。天地革而四時成，湯武革命，順乎天而應乎人。革之時大矣哉！

《象》曰：澤中有火，革。君子以治厤明時。

初九，鞏用黄牛之革。《象》曰：『鞏用黄牛』，不可以有爲也。

六二，巳日乃革之，徵吉，无咎。《象》曰：『巳日革之』，行有嘉也。

九三，徵凶，貞厲。革言三就，有孚。《象》曰：『革言三就』，又何之矣。

九四，悔亡。有孚改命，吉。《象》曰：『改命』之吉，信志也。

九五，大人虎變，未占有孚。《象》曰：『大人虎變』，其文炳也。

上六，君子豹變，小人革面，徵凶，居貞吉。《象》曰：『君子豹變』，其文蔚也。『小人革面』，順以從君也。

鼎 ䷱

《鼎》：元吉，亨。

《彖》曰：鼎，象也。以木巽火，亨飪也。聖人亨以享上帝，而大亨以養聖賢。巽而耳目聰明，柔進而上行，得中而應乎剛，是以元亨。

《象》曰：木上有火，鼎。君子以正位凝命。

初六，鼎顛趾，利出否。得妾以其子，无咎。《象》曰：『鼎顛趾』，未悖也。『利出否』，以從貴也。

九二，鼎有實，我仇有疾，不我能即，吉。《象》曰：『鼎有實』，慎所之也。『我仇有疾』，終无尤也。

九三，鼎耳革，其行塞，雉膏不食，方雨虧悔，終吉。《象》曰：『鼎耳革』，失其義也。

九四，鼎折足，覆公餗。其形渥，凶。《象》曰：『覆公餗』，信如何也。

六五，鼎黄耳，金鉉，利貞。《象》曰：『鼎黄耳』，中以爲實也。

上九，鼎玉鉉，大吉，无不利。《象》曰：『玉鉉』在上，剛柔節也。

震 ䷲

《震》：亨。震來虩虩，笑言啞啞，震驚百里，不喪匕鬯。

《象》曰：震，亨。『震來虩虩』，恐致福也。『笑言啞啞』，後有則也。『震驚百里』，驚遠而懼邇也。『不喪匕鬯』，出可以守宗廟社稷，以爲祭主也。

《象》曰：洊雷，震。君子以恐懼脩省。

初九，震來虩虩，後笑言啞啞，吉。《象》曰：『震來虩虩』，恐致福也。『笑言啞啞』，後有則也。

六二，震來厲，億喪貝，躋于九陵，勿逐，七日得。《象》曰：『震來厲』，乘剛也。

六三，震蘇蘇，震行无眚。《象》曰：『震蘇蘇』，位不當也。

九四，震遂泥。《象》曰：『震遂泥』，未光也。

六五，震往來厲，億，无喪有事。《象》曰：『震往來厲』，危行也。其事在中，大无喪也。

上六，震索索，視矍矍，徵凶。震不于其躬，于其鄰，无咎。婚媾有言。《象》曰：『震索索』，中未得也。雖凶无咎，畏鄰戒也。

艮 ䷳

《艮》：艮其背，不獲其身，行其庭，不見其人，无咎。

《彖》曰：艮，止也。時止則止，時行則行，動静不失其時，其道光明。『艮其止』，止其所也。上下敵應，不相與也。是以『不獲其身，行其庭，不見其人，无咎』也。

《象》曰：兼山，艮。君子以思不出其位。

初六，艮其趾，无咎。利永貞。《象》曰：『艮其趾』，未失正也。

六二，艮其腓，不拯其隨，其心不快。《象》曰：『不拯其隨』，未退聽也。

九三，艮其限，列其夤，厲薰心。《象》曰：『艮其限』，危薰心也。

六四，艮其身，无咎。《象》曰：『艮其身』，止諸躬也。

六五，艮其輔，言有序，悔亡。《象》曰：『艮其輔』，以中正也。

上九，敦艮，吉。《象》曰：『敦艮』之『吉』，以厚終也。

漸 ䷴

《漸》：女歸吉，利貞。

《彖》曰：漸之進也，女歸吉也。進得位，往有功也。進以正，可以正邦也。其位，剛得中也。止而巽，動不窮也。

《象》曰：山上有木，漸。君子以居賢德善俗。

初六，鴻漸于幹。小子厲，有言无咎。《象》曰：『小子』之『厲』，義无咎也。

六二，鴻漸于磐，飲食衎衎，吉。《象》曰：『飲食衎衎』，不素飽也。

九三，鴻漸于陸。夫徵不復，婦孕不育，凶。利禦寇。《象》曰：『夫徵不復』，離群丑也。『婦孕不育』，失其道也。『利用禦寇』，順相保也。

六四，鴻漸于木，或得其桷，无咎。《象》曰：『或得其桷』，順以巽也。
九五，鴻漸于陵。婦三歲不孕，終莫之勝，吉。《象》曰：『終莫之勝，吉』，得所願也。
上九，鴻漸于陸，其羽可用爲儀，吉。《象》曰：『其羽可用爲儀，吉』，不可亂也。

歸妹 ䷵

《歸妹》：徵凶，无攸利。
《象》曰：歸妹，天地之大義也。天地不交而萬物不興。歸妹，人之終始也。説以動，所歸妹也。『徵凶』，位不當也。『无攸利』，柔乘剛也。
《象》曰：澤上有雷，歸妹。君子以永終知敝。

初九，歸妹以娣。跛能履，徵吉。《象》曰：『歸妹以娣』，以恒也。『跛能履』，吉相承也。

九二，眇能視，利幽人之貞。《象》曰：『利幽人之貞』，未變常也。

六三，歸妹以須，反歸以娣。《象》曰：『歸妹以須』，未當也。

九四，歸妹愆期，遲歸有時。《象》曰：『愆期』之志，有待而行也。

六五，帝乙歸妹，其君之袂，不如其娣之袂良。月幾望，吉。《象》曰：『帝乙歸妹』，『不如其娣之袂良』也。其位在中，以貴行也。

上六，女承筐，无實。士刲羊，无血。无攸利。《象》曰：上六『无實』，承虛筐也。

豐 ䷶

《豐》：亨。王假之，勿憂，宜日中。

《彖》曰：豐，大也。明以動，故豐。『王假之』，尚大也。『勿憂，宜日中』，宜照天下也。日中則昃，月盈則食，天地盈虛，與時消息，而況於人乎，況於鬼神乎！

《象》曰：雷電皆至，豐。君子以折獄致刑。

初九，遇其配主，雖旬无咎。往有尚。《象》曰：『雖旬无咎』，過旬災也。

六二，豐其蔀，日中見鬥。往得疑疾。有孚發若，吉。《象》曰：『有孚發若』，信以發志也。

九三，豐其沛，日中見沬，折其右肱，无咎。《象》曰：『豐其沛』，不可大事也。『折其右肱』，終不可用也。

九四，豐其蔀，日中見鬥，遇其夷主，吉。《象》曰：『豐其蔀』，位不當也。『日中見鬥』，幽不明也。『遇其夷主』，吉行也。

六五，來章，有慶譽，吉。《象》曰：六五之『吉』，有慶也。

上六，豐其屋，蔀其家。闚其户，闃其无人。三歲不覿，凶。《象》曰：『豐其屋』，天際翔也。『闚其户，闃其无人』，自藏也。

旅 ䷷

《旅》：小亨。旅貞吉。

《象》曰：旅『小亨』，柔得中乎外，而順乎剛，止而麗乎明，是以『小亨。旅貞吉』也。旅之時義大矣哉！

《象》曰：山上有火，旅。君子以明慎用刑而不留獄。

初六，旅瑣瑣，斯其所取災。《象》曰：『旅瑣瑣』，志窮災也。

六二，旅即次，懷其資，得童僕，貞。《象》曰：『得童僕，貞』，終无尤也。

九三，旅焚其次，喪其童僕，貞厲。《象》曰：『旅焚其次』，亦以傷矣。以旅與下，其義喪也。

九四，旅于處，得其資斧，我心不快。《象》曰：『旅于處』，未得位也。『得其資斧』，心未快也。

六五，射雉，一矢亡，終以譽命。《象》曰：『終以譽命』，上逮也。

上九，鳥焚其巢，旅人先笑後號咷。喪牛于易，凶。《象》曰：以旅在上，其義焚也。『喪牛于易』，終莫之聞也。

巽 ䷸

《巽》：小亨。利有攸往，利見大人。

《彖》曰：重巽以申命，剛巽乎中正而志行，柔皆順乎剛，是以『小亨。利有攸往，利見大人』。

《象》曰：隨風，巽。君子以申命行事。

初六，進退，利武人之貞。《象》曰：『進退』，志疑也。『利武人之貞』，志治也。

九二，巽在牀下，用史巫紛若，吉，无咎。《象》曰：『紛若』之『吉』，得中也。

九三，頻巽，吝。《象》曰：『頻巽』之『吝』，志窮也。

六四，悔亡，田獲三品。《象》曰：『田獲三品』，有功也。

九五，貞吉悔亡，无不利。无初有終，先庚三日，後庚三日，吉。《象》曰：九五之『吉』，位正中也。

上九，巽在牀下，喪其資斧，貞凶。《象》曰：『巽在牀下』，上窮也。『喪其資斧』，正乎凶也。

兑 ䷹

《兑》：亨。利貞。

《彖》曰：兑，説也。剛中而柔外，説以利貞，是以順乎天而應乎人。説以先民，民忘其勞。説以犯難，民忘其死。説之大，民勸矣哉！

《象》曰：麗澤，兑。君子以朋友講習。

初九，和兑，吉。《象》曰：『和兑』之『吉』，行未疑也。

九二，孚兑，吉，悔亡。《象》曰：『孚兑』之『吉』，信志也。

六三，來兑，凶。《象》曰：『來兑』之『凶』，位不當也。

九四，商兑未寧，介疾有喜。《象》曰：九四之『喜』，有慶也。

九五，孚于剥，有厲。《象》曰：『孚于剥』，位正當也。

上六，引兑。《象》曰：上六『引兑』，未光也。

渙 ䷺

《渙》：亨。王假有廟。利涉大川，利貞。

《象》曰：渙『亨』，剛來而不窮，柔得位乎外而上同。『王假有廟』，王乃在中也。『利涉大川』，乘木有功也。
《象》曰：風行水上，渙。先王以享于帝立廟。
初六，用拯馬壯，吉。《象》曰：初六之『吉』順也。
九二，渙奔其機，悔亡。《象》曰：『渙奔其機』，得願也。
六三，渙其躬，无悔。《象》曰：『渙其躬』，志在外也。
六四，渙其羣，元吉。渙有丘，匪夷所思。《象》曰：『渙其羣，元吉』，光大也。
九五，渙汗其大號，渙王居，无咎。《象》曰：『王居，无咎』，正位也。
上九，渙其血，去逖出，无咎。《象》曰：『渙其血』，遠害也。

節 ䷻

《節》：亨。苦節，不可貞。

《象》曰：節『亨』，剛柔分而剛得中。『苦節，不可貞』，其道窮也。説以行險，當位以節，中正以通。天地節而四時成。節以制度，不傷財，不害民。

《象》曰：澤上有水，節。君子以制數度，議德行。

初九，不出户庭，无咎。《象》曰：『不出户庭』，知通塞也。

九二，不出門庭，凶。《象》曰：『不出門庭，凶』，失時極也。

六三，不節若，則嗟若。无咎。《象》曰：『不節之嗟』，又誰咎也。

六四，安節，亨。《象》曰：『安節』之『亨』，承上道也。

九五，甘節，吉，往有尚。《象》曰：『甘節』之『吉』，居位中也。

上六，苦節，貞，凶，悔亡。《象》曰：『苦節，貞，凶』，其道窮也。

中孚 ䷼

《中孚》：豚魚，吉。利涉大川，利貞。

《彖》曰：中孚，柔在內而剛得中，說而巽，孚乃化邦也。『豚魚，吉』，信及豚魚也。『利涉大川』，乘木舟虛也。中孚以利貞，乃應乎天也。

《象》曰：澤上有風，中孚。君子以議獄緩死。

初九，虞吉。有它不燕。《象》曰：初九『虞吉』，志未變也。

九二，鳴鶴在陰，其子和之。我有好爵，吾與爾靡之。《象》曰：『其子和之』，中心願也。

六三，得敵，或鼓或罷，或泣或歌。《象》曰：『或鼓或罷』，位不當也。

六四，月幾望，馬匹亡，无咎。《象》曰：『馬匹亡』，絶類上也。

九五，有孚攣如，无咎。《象》曰：『有孚攣如』，位正當也。

上九，翰音登于天，貞，凶。《象》曰：『翰音登于天』，何可長也？

小過 ䷽

《小過》：亨，利貞。可小事，不可大事。飛鳥遺之音，不宜上宜下，大吉。

《彖》曰：小過，小者過而『亨』也。過以『利貞』，與時行也。柔得中，是以『小事』吉也。剛失位而不中，是以『不可大事』也。有飛鳥之象焉，『飛鳥遺之音，不宜上宜下，大吉』，上逆而下順也。

《象》曰：山上有雷，小過。君子以行過乎恭，喪過乎哀，用過乎儉。

初六，飛鳥以凶。《象》曰：『飛鳥以凶』，不可如何也。

六二，過其祖，遇其妣。不及其君，遇其臣。无咎。《象》曰：『不及其君』，臣不可過也。

九三，弗過防之，從或戕之，凶。《象》曰：『從或戕之』，凶如何也？

九四，无咎。弗過遇之，往厲必戒，勿用永貞。《象》曰：『弗過遇之』，位不當也。『往厲必戒』，終不可長也。

六五，密雲不雨，自我西郊。公弋取彼在穴。《象》曰：『密雲不雨』，已上也。

上六，弗遇過之，飛鳥離之，凶，是謂災眚。《象》曰：『弗遇過之』，已亢也。

既濟 ䷾

《既濟》：亨小，利貞。初吉終亂。

《彖》曰：既濟『亨』，小者亨也。『利貞』，剛柔正而位當也。『初吉』，柔得中也。『終止則亂』，其道窮也。

《象》曰：水在火上，既濟。君子以思患而豫防之。

初九，曳其輪，濡其尾，无咎。《象》曰：『曳其輪』，義无咎也。

六二，婦喪其茀，勿逐，七日得。《象》曰：『七日得』，以中道也。

九三，高宗伐鬼方，三年克之。小人勿用。《象》曰：『三年克之』，憊也。

六四，繻有衣袽，終日戒。《象》曰：『終日戒』，有所疑也。

九五，東鄰殺牛，不如西鄰之禴祭，實受其福。《象》曰：『東鄰殺牛』，不如西鄰之時也。『實受其福』，吉大來也。

上六，濡其首，厲。《象》曰：『濡其首，厲』，何可久也？

未濟 ䷿

《未濟》：亨。小狐汔濟，濡其尾，无攸利。

《彖》曰：未濟『亨』，柔得中也。『小狐汔濟』，未出中也。『濡其尾，无攸利』，不續終也。雖不當位，剛柔應也。

《象》曰：火在水上，未濟。君子以慎辨物居方。

初六，濡其尾，吝。《象》曰：『濡其尾』，亦不知極也。

九二，曳其輪，貞吉。《象》曰：九二『貞吉』，中以行正也。

六三，未濟，徵凶。利涉大川。《象》曰：『未濟，徵凶』，位不當也。

九四，貞吉，悔亡，震用伐鬼方，三年有賞于大國。《象》曰：『貞吉，悔亡』，志行也。

六五，貞吉无悔，君子之光，有孚，吉。《象》曰：『君子之光』，其暉吉也。

上九，有孚于飲酒，无咎。濡其首，有孚失是。《象》曰：飲酒『濡首』，亦不知節也。

繫辭上

天尊地卑，乾坤定矣。卑高以陳，貴賤位矣。動静有常，剛柔斷矣。方以類聚，物以羣分，吉凶生矣。在天成象，在地成形，變化見矣。是故剛柔相摩，八卦相盪。鼓之以雷霆，潤之以風雨；日月運行，一寒一暑。乾道成男，坤道成女。乾知大始，坤作成物。乾以易知，坤以簡能。易則易知，簡則易從。易知則有親，易從則有功。有親則可久，有功則可大。可久則賢人之德，可大則賢人之業。易簡而天下之理得矣。天下之理得，而成位乎其中矣。

聖人設卦觀象，繫辭焉而明吉凶，剛柔相推而生變化。是故吉凶者，失得之象也；悔吝者，憂虞之象也；變化者，進退之象也；剛柔者，晝夜之象也。六爻之動，三極之道也。是故君子所居而安者，《易》之序也；所樂而玩者，爻之辭也。是故君子居則觀其象而玩其辭，動則觀其變而玩其占，是以自天祐之，吉无不利。

彖者，言乎象者也。爻者，言乎變者也。吉凶者，言乎其失得也。悔吝者，言乎其小疵也。无咎者，善補過者也。是故列貴賤者存乎位，齊小大者存乎卦，辯吉凶者存乎辭，憂悔吝者存乎介，震无咎者存乎悔。是故卦有小大，辭有險易。辭也者，各指其所之。

《易》與天地準，故能彌綸天地之道。仰以觀於天文，俯以察於地理，是故知幽明之故。原始反終，故知死生之説。精氣爲物，游魂爲變，是故知鬼神之情狀。與天地相似，故不違。知周乎萬物，而道濟天下，故不過。旁行而不流，樂天知命，故不憂。安土敦乎仁，故能愛。範圍天地之化而不過，曲成萬物而不遺，通乎晝夜之道而知，故神无方而《易》无體。

一陰一陽之謂道，繼之者善也，成之者性也。仁者見之謂之仁，知者見之謂之知。百姓日用而不知，故君子之道鮮矣。顯諸仁，藏諸用，鼓萬物而不與聖人同憂，盛德大業，至矣哉！富有之謂大業，日新之謂盛德。生生之謂易，成象之謂乾，效法之謂坤，極數知來之謂占，通變之謂事，陰陽不測之謂神。

夫《易》廣矣大矣，以言乎遠則不禦，以言乎邇則靜而正，以言乎天地之間則備矣。夫乾，其靜也專，其動也直，是以大生焉。夫坤，其靜也翕，其動也闢，是以廣生焉。廣大配天地，變通配四時，陰陽之義配日月，易簡之善配至德。

子曰：『《易》，其至矣乎！夫《易》，聖人所以崇德而廣業也。知崇禮卑，崇效天，卑法地。天地設位，而《易》行乎其中矣。成性存存，道義之門。』聖人有以見天下之賾，而擬諸其形容，象其物宜，是故謂之象。聖人有以見天下之動，而觀其會通，以行其典禮，繫辭焉以斷其吉凶，是故謂之爻。言天下之至賾而不可惡也，言天下之至動而不可亂也。擬之而後言，議之而後動，擬議以成其變化。

『鳴鶴在陰，其子和之。我有好爵，吾與爾靡之。』子曰：『君子居其室，出其言善，則千里之外應之，況其邇者乎？居其室，出其言不善，則千里之外違之，況其邇者乎？言出乎身，加乎民；行發乎邇，見乎遠。言行，君子之樞機。樞機之發，榮辱之主也。言行，君子之所以動天地也，可不慎乎！』

『《同人》：先號咷而後笑。』子曰：『君子之道，或出或處，或默或語。

二人同心，其利斷金。同心之言，其臭如蘭。」

「初六，藉用白茅，无咎。」子曰：「苟錯諸地而可矣。藉之用茅，何咎之有？慎之至也。夫茅之爲物薄，而用可重也。慎斯術也以往，其无所失矣。」

「勞謙，君子有終，吉。」子曰：「勞而不伐，有功而不德，厚之至也。語以其功下人者也。德言盛，禮言恭；謙也者，致恭以存其位者也。」

「亢龍有悔。」子曰：「貴而无位，高而无民，賢人在下，位而无輔，是以動而有悔也。」

「不出户庭，无咎。」子曰：「亂之所生也，則言語以爲階。君不密則失臣，臣不密則失身，幾事不密則害成。是以君子慎密而不出也。」

子曰：「作《易》者，其知盜乎？《易》曰：『負且乘，致寇至。』負也者，小人之事也；乘也者，君子之器也。小人而乘君子之器，盗思奪之矣；上慢下暴，盗思伐之矣。慢藏誨盗，冶容誨淫。《易》曰「負且乘，致寇至」，盗之招也。』

大衍之數五十，其用四十有九。分而爲二以象兩，掛一以象三，揲之以四以象四時，歸奇於扐以象閏；五歲再閏，故再扐而後掛。天數五，地數五，五位相得而各有合。天數二十有五，地數三十，凡天地之數五十有五，此所以成變化而行鬼神也。《乾》之策二百一十有六，《坤》之策百四十有四，凡三百六十，當期之日。二篇之策，萬有一千五百二十，當萬物之數也。是故四營而成《易》，十有八變而成卦，八卦而小成。引而伸之，觸類而長之，天下之能事畢矣。顯道神德行，是故可與酬酢，可與祐神矣。子曰：『知變化之道者，其知神之所爲乎？』

《易》有聖人之道四焉：以言者尚其辭，以動者尚其變，以制器者尚其象，以卜筮者尚其占。是以君子將有爲也，將有行也，問焉而以言，其受命也如響。无有遠近幽深，遂知來物。非天下之至精，其孰能與於此。參伍以變，錯綜其數：通其變，遂成天下之文；極其數，遂定天下之象。非天下之至變，其孰能與於此。《易》无思也，无爲也，寂然不動，感而遂通天下之故。非天下之至神，其孰能與於此。夫《易》，聖人之所以極深而研幾也。唯深也，故能通天下之志；唯幾也，故能成天下之務；唯神也，故不疾而速，不行而至。子曰『《易》有聖人之道四焉』者，此之謂也。

天一，地二；天三，地四；天五，地六；天七，地八；天九，地十。子曰：『夫《易》何爲者也？夫《易》，開物成務，冒天下之道，如斯而已者也。』是故聖人以通天下之志，以定天下之業，以斷天下之疑。是故蓍之德圓而神，卦之德方以知，六爻之義易以貢。聖人以此洗心，退藏於密，吉凶與民同患。神以知來，知以藏往，其孰能與於此哉！古之聰明睿知，神武而不殺者夫。是以明於天之道，而察於民之故，是興神物以前民用。聖人以此齋戒，以神明其德夫。是故闔户謂之坤，闢户謂之乾；一闔一闢謂之變，往來不窮謂之通；見乃謂之象，形乃謂之器；制而用之謂之法，利用出入，民咸用之謂之神。

是故《易》有太極，是生兩儀，兩儀生四象，四象生八卦，八卦定吉凶，吉凶生大業。是故法象莫大乎天地，變通莫大乎四時，縣象著明莫大乎日月，崇高莫大乎富貴。備物致用，立成器以爲天下利，莫大乎聖人。探賾索隱，鈎深致遠，以定天下之吉凶，成天下之亹亹者，莫大乎蓍龜。是故天生神物，聖人則之；天地變化，聖人效之；天垂象，見吉凶，聖人象之；河出圖，洛出書，聖人則之。《易》有四象，所以示也。繫辭焉，所以告也；定之以吉凶，所以斷也。

《易》曰：『自天祐之，吉无不利。』子曰：『祐者，助也。天之所助者，順也；人之所助者，信也。履信思乎順，又以尚賢也。是以「自天祐之，吉无不利」也。』子曰：『書不盡言，言不盡意。』然則聖人之意，其不可見乎？子曰：『聖人立象以盡意，設卦以盡情僞，繫辭焉以盡其言，變而通之以盡利，鼓之舞之以盡神。』乾坤，其《易》之緼邪？乾坤成列，而《易》立乎其中矣。乾坤毀，則无以見《易》。《易》不可見，則乾坤或幾乎息矣。是故形而上者謂之道，形而下者謂之器，化而裁之謂之變，推而行之謂之通，舉而錯之天下之民謂之事業。是故夫象，聖人有以見天下之賾，而擬諸其形容，象其物宜，是故謂之象。聖人有以見天下之動，而觀其會通，以行其典禮，繫辭焉以斷其吉凶，是故謂之爻。極天下之賾者存乎卦，鼓天下之動者存乎辭；化而裁之存乎變；推而行之存乎通；神而明之存乎其人；默而成之，不言而信，存乎德行。

繫辭下

八卦成列，象在其中矣；因而重之，爻在其中矣；剛柔相推，變在其中矣；繫辭焉而命之，動在其中矣。吉凶悔吝者，生乎動者也；剛柔者，立本者也；變通者，趣時者也。吉凶者，貞勝者也；天地之道，貞觀者也；日月之道，貞明者也；天下之動，貞夫一者也。夫乾，確然示人易矣；夫坤，隤然示人簡矣。爻也者，效此者也。象也者，像此者也；爻象動乎内，吉凶見乎外；功業見乎變，聖人之情見乎辭。天地之大德曰生，聖人之大寶曰位。何以守位？曰仁。何以聚人？曰財。理財、正辭、禁民爲非，曰義。

古者包犧氏之王天下也，仰則觀象於天，俯則觀法於地，觀鳥獸之文，與地之宜，近取諸身，遠取諸物，於是始作八卦，以通神明之德，以類萬物之情。作結繩而爲罔罟，以佃以漁，蓋取諸《離》。包犧氏没，神農氏作，斲木爲耜，揉木爲耒，耒耨之利，以教天下，蓋取諸《益》。日中爲市，致天下之民，聚天下之貨，交易而退，各得其所，蓋取諸《噬嗑》。神農氏没，黄帝、堯、舜氏作，通其變，使民不倦，神而化之，使民宜之。易窮則變，變則通，通則久。是以『自天祐之，吉无不利』。黄帝、堯、舜垂衣裳而天下治，蓋取諸《乾》、《坤》。刳木爲舟，剡木爲楫，舟楫之利，以濟不通，致遠以利天下，蓋取諸《涣》。服牛乘馬，引重致遠，以利天下，蓋取諸《隨》。重門擊柝，以待暴客，蓋取諸《豫》。斷木爲杵，掘地爲臼，臼杵之利，萬民以濟，蓋取諸《小過》。弦木爲弧，剡木爲矢，弧矢之利，以威天下，蓋取諸《睽》。上古穴居而野處，後世聖人易之以宫室，上棟下宇，以待風雨，蓋取諸《大壯》。古之葬者，厚衣之以薪，葬之中野，不封不樹，喪期无數。

後世聖人易之以棺椁，蓋取諸《大過》。上古結繩而治，後世聖人易之以書契，百官以治，萬民以察，蓋取諸《夬》。

是故《易》者，象也；象也者，像也。彖者，材也；爻也者，效天下之動者也。是故吉凶生而悔吝著也。

陽卦多陰，陰卦多陽，其故何也？陽卦奇，陰卦耦。其德行何也？陽一君而二民，君子之道也；陰二君而一民，小人之道也。

《易》曰：『憧憧往來，朋從爾思。』子曰：『天下何思何慮？天下同歸而殊塗，一致而百慮。天下何思何慮？日往則月來，月往則日來，日月相推而明生焉。寒往則暑來，暑往則寒來，寒暑相推而歲成焉。往者屈也，來者信也，屈信相感而利生焉。尺蠖之屈，以求信也；龍蛇之蟄，以存身也。精義入神，以致用也；利用安身，以崇德也。過此以往，未之或知也；

窮神知化，德之盛也。』

《易》曰：『困于石，據于蒺藜，入于其宫，不見其妻，凶。』子曰：『非所困而困焉，名必辱。非所據而據焉，身必危。既辱且危，死期將至，妻其可得見耶！』

《易》曰：『公用射隼于高墉之上，獲之，无不利。』子曰：『隼者，禽也；弓矢者，器也；射之者，人也。君子藏器於身，待時而動，何不利之有？動而不括，是以出而有獲。語成器而動者也。』

子曰：『小人不耻不仁，不畏不義，不見利不勸，不威不懲。小懲而大誡，此小人之福也。《易》曰：「履校滅趾，无咎。」此之謂也。』

『善不積不足以成名，惡不積不足以滅身。小人以小善爲无益而弗爲也，以小惡爲无傷而弗去也，故惡積而不可掩，罪大而不可解。《易》

曰：「何校滅耳，凶。」』

子曰：『危者，安其位者也；亡者，保其存者也；亂者，有其治者也。是故君子安而不忘危，存而不忘亡，治而不忘亂。是以身安而國家可保也。《易》曰：「其亡其亡，繫于苞桑。」』

子曰：『德薄而位尊，知小而謀大，力少而任重，鮮不及矣。《易》曰：「鼎折足，覆公餗，其形渥，凶。」言不勝其任也。』

子曰：『知幾其神乎！君子上交不諂，下交不瀆，其知幾乎？幾者，動之微，吉之先見者也。君子見幾而作，不俟終日。《易》曰：「介于石，不終日，貞吉。」介如石焉，寧用終日？斷可識矣。君子知微知彰，知柔知剛，萬夫之望。』

子曰：『顏氏之子，其殆庶幾乎？有不善，未嘗不知；知之，未嘗復行也。《易》曰：「不遠復，无祇悔，元吉。」』

天地絪緼，萬物化醇。男女構精，萬物化生。《易》曰：『三人行則損一人，一人行則得其友。』言致一也。

子曰：『君子安其身而後動，易其心而後語，定其交而後求。君子修此三者，故全也。危以動，則民不與也；懼以語，則民不應也；无交而求，則民不與也；莫之與，則傷之者至矣。《易》曰：「莫益之，或擊之，立心勿恒，凶。」』

子曰：『乾坤，其《易》之門邪？』乾，陽物也；坤，陰物也。陰陽合德，而剛柔有體。以體天地之撰，以通神明之德。其稱名也，雜而不越。於稽其類，其衰世之意邪？夫《易》，彰往而察來，而微顯闡幽，開而當名，辨物正言，斷辭則備矣。其稱名也小，其取類也大。其旨遠，其辭文；其言曲而中，其事肆而隱。因貳以濟民行，以明失得之報。

《易》之興也，其於中古乎？作《易》者，其有憂患乎？是故《履》，德之基也；《謙》，德之柄也；《復》，德之本也；《恒》，德之固也；《損》，德之脩也；《益》，德之裕也；《困》，德之辨也；《井》，德之地也；《巽》，德之制也。《履》，和而至；《謙》，尊而光；《復》，小而辨於物；《恒》，雜而不厭；《損》，先難而後易；《益》，長裕而不設；《困》，窮而通；《井》，居其所而遷；《巽》，稱而隱。《履》以和行；《謙》以制禮；《復》以自知；《恒》以一德；《損》以遠害；《益》以興利；《困》以寡怨；《井》以辨義；《巽》以行權。

《易》之爲書也不可遠，爲道也屢遷。變動不居，周流六虛，上下无常，剛柔相易，不可爲典要，唯變所適。其出入以度，外内使知懼。又明於憂患與故。无有師保，如臨父母。初率其辭而揆其方，既有典常。苟非其人，道不虛行。

《易》之爲書也，原始要終，以爲質也。六爻相雜，唯其時物也。其初難知，其上易知，本末也。初辭擬之，卒成之終。若夫雜物撰德，辨是與非，則非其中爻不備。噫！亦要存亡吉凶，則居可知矣。知者觀其彖辭，則思過半矣。二與四，同功而異位，其善不同；二多譽，四多懼，近也。柔之爲道，不利遠者；其要无咎。其用柔中也。三與五同功而異位；三多凶，五多功，貴賤之等也。其柔危，其剛勝邪？

《易》之爲書也，廣大悉備：有天道焉，有人道焉，有地道焉。兼三才而兩之，故六。六者，非它也，三才之道也。道有變動，故曰爻；爻有等，故曰物；物相雜，故曰文；文不當，故吉凶生焉。

《易》之興也，其當殷之末世，周之盛德邪？當文王與紂之事邪？是故其辭危。危者使平，易者使傾；其道甚大，百物不廢。懼以終始，其要无咎，此之謂《易》之道也。

夫乾，天下之至健也，德行恒易以知險。夫坤，天下之至順也，德行恒簡以知阻。能説諸心，能研諸侯之慮，定天下之吉凶，成天下之亹亹者。是故變化雲爲，吉事有祥。象事知器，占事知來。天地設位，聖人成能。人謀鬼謀，百姓與能。八卦以象告，爻象以情言，剛柔雜居，而吉凶可見矣。變動以利言，吉凶以情遷。是故愛惡相攻而吉凶生，遠近相取而悔吝生，情僞相感而利害生。凡《易》之情，近而不相得則凶，或害之，悔且吝。將叛者，其辭慙；中心疑者，其辭枝；吉人之辭寡；躁人之辭多；誣善之人，其辭游；失其守者，其辭屈。

説卦

昔者聖人之作《易》也，幽贊於神明而生蓍，參天兩地而倚數，觀變於陰陽而立卦，發揮於剛柔而生爻，和順於道德而理於義，窮理盡性以至於命。昔者聖人之作《易》也，將以順性命之理。是以立天之道曰陰與陽，立地之道曰柔與剛，立人之道曰仁與義。兼三才而兩之，故《易》六畫而成卦。分陰分陽，迭用柔剛，故《易》六位而成章。天地定位，山澤通氣，雷風相薄，水火不相射，八卦相錯。數往者順，知來者逆，是故《易》逆數也。

雷以動之，風以散之，雨以潤之，日以烜之，艮以止之，兑以説之，乾以君之，坤以藏之。

帝出乎震，齊乎巽，相見乎離，致役乎坤，説言乎兑，戰乎乾，勞乎坎，成言乎艮。萬物『出乎震』，震，東方也。『齊乎巽』，巽，東南也；齊也者，言萬物之絜齊也。離也者，明也，萬物皆相見，南方之卦也。聖人南面而聽天下，嚮明而治，蓋取諸此也。坤也者，地也，萬物皆致養焉，故曰『致役乎坤』。兑，正秋也，萬物之所説也，故曰『説言乎兑』。『戰乎乾』，乾，西北之卦也，言陰陽相薄也。坎者，水也，正北方之卦也，勞卦也，萬物之所歸也，故曰『勞乎坎』。艮，東北之卦也。萬物之所成終而所成始也，故曰『成言乎艮』。

『神』也者，妙萬物而爲言者也。動萬物者莫疾乎雷，撓萬物者莫疾乎風，燥萬物者莫熯乎火，説萬物者莫説乎澤，潤萬物者莫潤乎水，終萬物始萬物者莫盛乎艮。故水火相逮，雷風不相悖，山澤通氣，然後能變化，既成萬物也。

乾，健也。坤，順也。震，動也。巽，入也。坎，陷也。離，麗也。艮，止也。兑，説也。

乾爲馬，坤爲牛，震爲龍，巽爲鷄，坎爲豕，離爲雉，艮爲狗，兑爲羊。

乾爲首，坤爲腹，震爲足，巽爲股，坎爲耳，離爲目，艮爲手，兑爲口。

乾，天也，故稱乎父。坤，地也，故稱乎母。震，一索而得男，故謂之長男。巽，一索而得女，故謂之長女。坎，再索而得男，故謂之中男。離，再索而得女，故謂之中女。艮，三索而得男，故謂之少男。兑，三索而得女，故謂之少女。

乾爲天、爲圜、爲君、爲父、爲玉、爲金、爲寒、爲冰、爲大赤、爲良馬、爲老馬、爲瘠馬、爲駁馬、爲木果。

坤爲地、爲母、爲布、爲釜、爲吝嗇、爲均、爲子母牛、爲大輿、爲文、爲衆、爲柄。其於地也爲黑。

震爲雷、爲龍、爲玄黄、爲旉、爲大塗、爲長子、爲決躁、爲蒼筤竹、爲萑葦。其於馬也，爲善鳴、爲馵足、爲作足、爲的顙。其於稼也，爲反生。其究爲健、爲蕃鮮。

巽爲木、爲風、爲長女、爲繩直、爲工、爲白、爲長、爲高、爲進退、爲不果、爲臭。其於人也，爲寡髪、爲廣顙、爲多白眼。爲近利市三倍。其究爲躁卦。

坎爲水、爲溝瀆、爲隱伏、爲矯輮、爲弓輪。其於人也，爲加憂、爲心病、爲耳痛、爲血卦、爲赤。其于馬也，爲美脊、爲亟心、爲下首、爲薄蹄、爲曳。其於輿也，爲多眚、爲通、爲月、爲盜。其於木也，爲堅多心。

離爲火、爲日、爲電、爲中女、爲甲胄、爲戈兵。其於人也，爲大腹。爲乾卦，爲鱉、爲蟹、爲蠃、爲蚌、爲龜。其於木也，爲科上槁。

艮爲山、爲徑路、爲小石、爲門闕、爲果蓏、爲閽寺、爲指、爲狗、爲鼠、爲黔喙之屬。其於木也，爲堅多節。

兑爲澤、爲少女、爲巫、爲口舌、爲毁折、爲附決。其於地也，爲剛鹵。爲妾、爲羊。

序卦

有天地，然後萬物生焉。盈天地之間者唯萬物，故受之以《屯》。屯者，盈也。屯者，物之始生也。物生必蒙，故受之以《蒙》。蒙者，蒙也，物之稚也。物稚不可不養也，故受之以《需》。需者，飲食之道也。飲食必有訟，故受之以《訟》。訟必有衆起，故受之以《師》。師者，衆也。衆必有所比，故受之以《比》。比者，比也。比必有所畜，故受之以《小畜》。物畜然後有禮，故受之以《履》。履者，禮也。履而泰，然後安，故受之以《泰》。泰者，通也。物不可以終通，故受之以《否》。物不可以終否，故受之以《同人》。與人同者，物必歸焉，故受之以《大有》。有大者，不可以盈，故受之以《謙》。有大而能謙必豫，故受之以《豫》。豫必有隨，故受之以《隨》。

以喜隨人者必有事，故受之以《蠱》。蠱者，事也。有事而後可大，故受之以《臨》。臨者，大也。物大然後可觀，故受之以《觀》。可觀而後有所合，故受之以《噬嗑》。嗑者，合也。物不可以苟合而已，故受之以《賁》。賁者，飾也。致飾然後亨則盡矣，故受之以《剥》。剥者，剥也。物不可以終盡剥，窮上反下，故受之以《復》。復則不妄矣，故受之以《无妄》。有无妄，然後可畜，故受之以《大畜》。物畜然後可養，故受之以《頤》。頤者，養也。不養則不可動，故受之以《大過》。物不可以終過，故受之以《坎》。坎者，陷也。陷必有所麗，故受之以《離》。離者，麗也。

有天地然後有萬物，有萬物然後有男女，有男女然後有夫婦，有夫婦然後有父子，有父子然後有君臣，有君臣然後有上下，有上下然後禮義有所錯。夫婦之道不可以不久也，故受之以《恒》。恒者，久也。物不可以久居其所，故受之以《遯》。遯者，退也。物不可以終遯，故受之以《大壯》。物不可以終壯，故受之以《晉》。晉者，進也。進必有所傷，故受之以《明夷》。夷者，傷也。傷於外者必反於家，故受之以《家人》。家道窮必乖，故受之以《睽》。睽者，乖也。乖必有難，故受之以《蹇》。蹇者，難也。物不可以終難，故受之以《解》。解者，緩也。緩必有所失，故受之以《損》。損而不已必益，故受之以《益》。益而不已必決，故受之以《夬》。夬者，決也。決必有遇，故受之以《姤》。姤者，遇也。物相遇而後聚，故受之以《萃》。萃者，聚也。聚而上者謂之升，故受之以《升》。升而不已必困，故受之以《困》。困乎上者必反下，故受之以《井》。井道不可不革，故受之以《革》。革物者莫若鼎，故受之以《鼎》。主器者莫若長子，故受之以《震》。震者，動也。物不可以終動，止之，故受之以《艮》。艮者，止也。物不可以終止，故受之以《漸》。漸者，進也。進必有所歸，故受之以《歸妹》。得其所歸者必大，故受之以《豐》。豐者，大也。窮大者必失其居，故受之以《旅》。旅而无所容，故受之以《巽》。巽者，入也。入而後說之，故受之以《兑》。兑者，說也。說而後散之，故受之以《涣》。涣者，離也。物不可以終離，故受之以《節》。節而信之，故受之以《中孚》。有其信者必行之，故受之以《小過》。有過物者必濟，故受之以《既濟》。物不可窮也，故受之以《未濟》。終焉。

雜卦

《乾》剛《坤》柔。《比》樂《師》憂。《臨》《觀》之義，或與或求。《屯》見而不失其居。《蒙》雜而著。《震》，起也。《艮》，止也。《損》《益》，盛衰之始也。《大畜》，時也。《无妄》，災也。《萃》聚而《升》不來也。《謙》輕而《豫》怠也。《噬嗑》，食也。《賁》，无色也。《兑》見而《巽》伏也。《隨》，无故也。《蠱》，則飭也。《剥》，爛也。《復》，反也。《晋》，晝也。《明夷》，誅也。《井》通而《困》相遇也。《咸》，速也。《恒》，久也。《涣》，離也。《節》，止也。《解》，緩也。《蹇》，難也。《睽》，外也。《家人》，内也。《否》、《泰》反其類也。《大壯》則止，《遯》則退也。《大有》，衆也。《同人》，親也。《革》，去故也。《鼎》，取新也。《小過》，過也。《中孚》，信也。《豐》，多故也。親寡《旅》也。《離》上而《坎》下也。《小畜》，寡也。《履》，不處也。
《需》，不進也。《訟》，不親也。《大過》，顛也。《姤》，遇也，柔遇剛也。《漸》，女歸待男行也。《頤》，養正也。《既濟》，定也。《歸妹》，女之終也。《未濟》，男之窮也。《夬》，決也，剛決柔也。君子道長，小人道憂也。

尚書

廣陵書社
中國·揚州

尚書

目録

虞書

堯典第一

昔在帝堯，聰明文思，光宅天下。將遜于位，讓于虞舜，作《堯典》。

曰若稽古，帝堯，曰放勳，欽明文思安安，允恭克讓，光被四表，格于上下。克明俊德，以親九族。九族既睦，平章百姓，百姓昭明。協和萬邦，黎民於變時雍。

乃命羲、和，欽若昊天，厤象日月星辰，敬授人時。分命羲仲，宅嵎夷，曰暘谷。寅賓出日，平秩東作。日中，星鳥，以殷仲春。厥民析，鳥獸孳尾。申命羲叔，宅南交。平秩南訛，敬致。日永，星火，以正仲夏。厥民因，鳥獸希革。分命和仲，宅西，曰昧谷。寅餞納日，平秩西成。宵中，星虛，以殷仲秋。厥民夷，鳥獸毛毨。申命和叔，宅朔方，曰幽都。平在朔易。日短，星昴，以正仲冬。厥民隩，鳥獸氄毛。帝曰：『咨！汝羲暨和，期三百有六旬有六日，以閏月定四時成歲。允釐百工，庶績咸熙。』

帝曰：『疇咨若時？登庸。』放齊曰：『胤子朱啓明。』帝曰：『吁！嚚訟，可乎？』

帝曰：『疇咨若予采？』驩兜曰：『都！共工方鳩僝功。』帝曰：『吁！靜言庸違，象恭滔天。』

帝曰：『咨！四岳，湯湯洪水方割，蕩蕩懷山襄陵，浩浩滔天。下民其咨，有能俾乂？』僉曰：『於！鯀哉。』帝曰：『吁！咈哉，方命圮族。』岳曰：『异哉！試可乃已。』帝曰：『往，欽哉！』九載，績用弗成。

帝曰：『咨！四岳。朕在位七十載，汝能庸命，巽朕位？』岳曰：『否德忝帝位。』曰：『明明揚側陋。』師錫帝曰：『有鰥在下，曰虞舜。』帝曰：『俞？予聞。如何？』岳曰：『瞽子，父頑，母嚚，象傲；克諧以孝，烝烝乂，不格姦。』帝曰：『我其試哉！女于時，觀厥刑于二女。』釐降二女于嬀汭，嬪于虞。帝曰：『欽哉！』

舜典第二

虞舜側微，堯聞之聰明，將使嗣位，歷試諸難，作《舜典》。

曰若稽古，帝舜，曰重華協于帝。濬哲文明，温恭允塞，玄德升聞，乃命以位。

慎徽五典，五典克從；納于百揆，百揆時叙；賓于四門，四門穆穆；納于大麓，烈風雷雨弗迷。帝曰：『格汝舜。詢事考言，乃言底可績，三載。汝陟帝位。』舜讓于德，弗嗣。

正月上日，受終于文祖。在璿璣玉衡，以齊七政。肆類于上帝，禋于六宗，望于山川，徧于羣神。輯五瑞，既月，乃日覲四岳羣牧，班瑞于羣後。

歲二月，東巡守，至于岱宗，柴。望秩于山川，肆覲東後。協時月正日，同律度量衡。修五禮、五玉、三帛、二生、一死贄。如五器，卒乃復。五月南巡守，至于南岳，如岱禮。八月西巡守，至于西岳，如初。十有一月朔巡守，至于北岳，如西禮。歸，格于藝祖，用特。五載一巡守，羣後四朝。敷奏以言，明試以功，車服以庸。

肇十有二州，封十有二山，濬川。象以典刑，流宥五刑，鞭作官刑，撲作教刑，金作贖刑。眚災肆赦，怙終賊刑。欽哉，欽哉，惟刑之恤哉！流共工于幽州，放驩兜于崇山，竄三苗于三危，殛鯀于羽山，四罪而天下咸服。

二十有八載，帝乃殂落，百姓如喪考妣。三載，四海遏密八音。

月正元日，舜格于文祖，詢于四岳，闢四門，明四目，達四聰。咨十有二牧，曰：『食哉，惟時！柔遠能邇，惇德允元，而難任人，蠻夷率服。』

舜曰：『咨，四岳！有能奮庸熙帝之載，使宅百揆，亮采惠疇？』僉曰：『伯禹作司空。』帝曰：『俞，咨！禹，汝平水土，惟時懋哉！』禹拜稽首，讓于稷、契暨臯陶。帝曰：『俞，汝往哉！』

帝曰：『棄，黎民阻飢，汝後稷，播時百穀。』

帝曰：『契，百姓不親，五品不遜。汝作司徒，敬敷五教，在寬。』

帝曰：『臯陶，蠻夷猾夏，寇賊姦宄。汝作士。五刑有服，五服三就。五流有宅，五宅三居。惟明克允！』

帝曰：『疇若予工？』僉曰：『垂哉！』帝曰：『俞，咨！垂，汝共工。』

垂拜稽首，讓于殳斨暨伯與。帝曰：『俞，往哉！汝諧。』

帝曰：『疇若予上下草木鳥獸？』僉曰：『益哉！』帝曰：『俞，咨！益，汝作朕虞。』益拜稽首，讓于朱虎、熊羆。帝曰：『俞，往哉！汝諧。』

帝曰：『咨！四岳，有能典朕三禮？』僉曰：『伯夷！』帝曰：『俞，咨！伯，汝作秩宗。夙夜惟寅，直哉惟清。』伯拜稽首，讓于夔、龍。帝曰：『俞，往，欽哉！』

帝曰：『夔！命汝典樂，教胄子，直而温，寬而栗，剛而無虐，簡而無傲。詩言志，歌永言，聲依永，律和聲。八音克諧，無相奪倫，神人以和。』夔曰：『於！予擊石拊石，百獸率舞。』

帝曰：『龍，朕堲讒説殄行，震驚朕師。命汝作納言，夙夜出納朕命，惟允！』

帝曰：『咨！汝二十有二人，欽哉！惟時亮天功。』三載考績，三考，黜陟幽明，庶績咸熙。分北三苗。

舜生三十徵庸，三十在位，五十載，陟方乃死。

帝釐下土，方設居方，别生分類。作《汩作》、《九共》九篇、《槀飫》。

大禹謨第三

皋陶矢厥謨，禹成厥功，帝舜申之。作《大禹》、《皋陶謨》、《益稷》。

曰若稽古，大禹，曰：『文命敷於四海，祗承于帝。』曰：『後克艱厥後，臣克艱厥臣，政乃乂，黎民敏德。』

帝曰：『俞！允若兹，嘉言罔攸伏，野無遺賢，萬邦咸寧。稽于衆，捨己從人，不虐無告，不廢困窮，惟帝時克。』

益曰：『都，帝德廣運，乃聖乃神，乃武乃文。皇天眷命，奄有四海，爲天下君。」

禹曰：「惠迪吉，從逆凶，惟影響。」

益曰：「吁！戒哉！儆戒無虞，罔失法度。罔遊于逸，罔淫于樂。任賢勿貳，去邪勿疑。疑謀勿成，百志惟熙。罔違道以幹百姓之譽，罔咈百姓以從己之欲。無怠無荒，四夷來王。」

禹曰：「於！帝念哉！德惟善政，政在養民。水、火、金、木、土、穀，惟修；正德、利用、厚生惟和。九功惟叙，九叙惟歌。戒之用休，董之用威，勸之以九歌，俾勿壞。」

帝曰：「俞！地平天成，六府三事允治，萬世永賴，時乃功。」

帝曰：「格，汝禹！朕宅帝位三十有三載，耄期倦于勤。汝惟不怠，揔朕師。」

禹曰：『朕德罔克，民不依。皋陶邁種德，德乃降，黎民懷之。帝念哉！念茲在茲，釋茲在茲，名言茲在茲，允出茲在茲，惟帝念功。』

帝曰：『皋陶，惟茲臣庶，罔或幹予正。汝作士，明于五刑，以弼五教。期于予治，刑期于無刑，民協于中，時乃功，懋哉。』

皋陶曰：『帝德罔愆，臨下以簡，御衆以寬。罰弗及嗣，賞延于世。宥過無大，刑故無小。罪疑惟輕，功疑惟重。與其殺不辜，寧失不經。好生之德，洽于民心，茲用不犯于有司。』帝曰：『俾予從欲以治，四方風動，惟乃之休。』

帝曰：『來，禹！降水儆予，成允成功，惟汝賢。克勤于邦，克儉于家，不自滿假，惟汝賢。汝惟不矜，天下莫與汝爭能。汝惟不伐，天下莫與汝争功。予懋乃德，嘉乃丕績，天之曆數在汝躬，汝終陟元後。人心惟危，道心惟微，惟精惟一，允執厥中。無稽之言勿聽，弗詢之謀勿庸。可愛非君？可畏非民？衆非元後何戴？後非衆罔與守邦？欽哉！慎乃有位，敬修其可願，四海困窮，天禄永終。惟口出好興戎，朕言不再。」

禹曰：「枚卜功臣，惟吉之從。」

帝曰：「禹！官占，惟先蔽志，昆命于元龜。朕志先定，詢謀僉同，鬼神其依，龜筮協從，卜不習吉。」禹拜稽首，固辭。帝曰：「毋！惟汝諧。」

正月朔旦，受命于神宗，率百官若帝之初。

帝曰：「咨，禹！惟時有苗弗率，汝徂徵。」

禹乃會羣後，誓于師曰：「濟濟有衆，咸聽朕命。蠢兹有苗，昏迷不恭，侮慢自賢，反道敗德。君子在野，小人在位，民棄不保，天降之咎，肆予以爾衆士，奉辭伐罪。爾尚一乃心力，其克有勳。」

三旬，苗民逆命。益贊于禹曰：『惟德動天，無遠弗届。滿招損，謙受益，時乃天道。帝初于歷山，往于田，日號泣于旻天，于父母，負罪引慝。祗載見瞽瞍，夔夔齊慄，瞽亦允若。至諴感神，矧兹有苗。』禹拜昌言曰：『俞！』班師振旅。帝乃誕敷文德，舞幹羽于兩階，七旬，有苗格。

皋陶謨第四

曰若稽古，皋陶曰：『允迪厥德，謨明弼諧。』禹曰：『俞，如何？』皋陶曰：『都！慎厥身修，思永。惇叙九族，庶明勵翼，邇可遠在兹。』禹拜昌言曰：『俞！』

皋陶曰：『都！在知人，在安民。』禹曰：『吁！咸若時，惟帝其難之。知人則哲，能官人。安民則惠，黎民懷之。能哲而惠，何憂乎驩兜？何遷乎有苗？何畏乎巧言令色孔壬？』

皋陶曰：『都！亦行有九德。亦言其人有德，乃言曰，載采采。』禹曰：『何？』

皋陶曰：『寬而栗，柔而立，願而恭，亂而敬，擾而毅，直而溫，簡而廉，剛而塞，彊而義。彰厥有常，吉哉！日宣三德，夙夜浚明有家；日嚴祗敬六德，亮采有邦。翕受敷施，九德咸事，俊乂在官。百僚師師，百工惟時，撫于五辰，庶績其凝。無教逸欲有邦，兢兢業業，一日二日萬幾。無曠庶官，天工人其代之。天叙有典，勑我五典五惇哉！天秩有禮，自我五禮有庸哉！同寅協恭和衷哉！天命有德，五服五章哉！天討有罪，五刑五用哉！政事懋哉！懋哉！』『天聰明，自我民聰明。天明畏，自我民明威。達于上下，敬哉有土！』

皋陶曰：『朕言惠，可厎行？』禹曰：『俞！乃言厎可績。』皋陶曰：『予未有知思，曰贊贊襄哉！』

益稷第五

帝曰：『來，禹！汝亦昌言。』禹拜曰：『都！帝，予何言？予思日孜孜。』皋陶曰：『吁！如何？』禹曰：『洪水滔天，浩浩懷山襄陵，下民昏墊。予乘四載，隨山刊木，暨益奏庶鮮食。予決九川，距四海，濬畎澮距川；暨稷播，奏庶艱食鮮食。懋遷有無化居。烝民乃粒，萬邦作乂。』皋陶曰：『俞！師汝昌言。』

禹曰：『都！帝，慎乃在位。』帝曰：『俞！』禹曰：『安汝止，惟幾惟康。其弼直，惟動丕應徯志。以昭受上帝，天其申命用休。』帝曰：『吁！臣哉鄰哉！鄰哉臣哉！』禹曰：『俞！』

帝曰：『臣作朕股肱耳目。予欲左右有民，汝翼。予欲宣力四方，汝爲。予欲觀古人之象，日、月、星辰、山、龍、華蟲，作會；宗彝、藻、火、粉米、黼、黻。絺繡，以五采彰施于五色，作服，汝明。予欲聞六律、五聲、八音，在治忽，以出納五言，汝聽。予違，汝弼，汝無面從，退有後言。欽四鄰！庶頑讒説，若不在時，侯以明之，撻以記之，書用識哉，欲並生哉！工以納言，時而颺之，格則承之庸之，否則威之。』

禹曰：『俞哉！帝，光天之下，至于海隅蒼生，萬邦黎獻，共惟帝臣，惟帝時舉。敷納以言，明庶以功，車服以庸。誰敢不讓，敢不敬應？帝不時，敷同，日奏罔功。無若丹朱傲，惟慢遊是好，傲虐是作。罔晝夜額額，罔水行舟。朋淫于家，用殄厥世。予創若時，娶于塗山，辛、壬、癸、甲。啓呱呱而泣，予弗子，惟荒度土功。弼成五服，至于五千。州十有二師，外薄四海，咸建五長，各迪有功，苗頑弗即工，帝其念哉！』帝曰：『迪朕德，時乃功惟叙。』

臯陶方祗厥叙，方施象刑，惟明。

夔曰：『戛擊鳴球、搏拊琴瑟以詠。』祖考來格，虞賓在位，羣後德讓。下管鼗鼓，合止柷敔，笙鏞以間。鳥獸蹌蹌；簫韶九成，鳳皇來儀。夔曰：『於！予擊石拊石，百獸率舞，庶尹允諧。』

帝庸作歌。曰：『敕天之命，惟時惟幾。』乃歌曰：『股肱喜哉！元首起哉！百工熙哉！』臯陶拜手稽首，颺言曰：『念哉！率作興事，慎乃憲，欽哉！屢省乃成，欽哉！』乃賡載歌曰：『元首明哉，股肱良哉，庶事康哉！』又歌曰：『元首叢脞哉，股肱惰哉，萬事墮哉！』帝拜曰：『俞，往欽哉！』

夏書

禹貢第一

禹别九州，隨山浚川，任土作貢。

禹敷土，隨山刊木，奠高山大川。

冀州：既載壺口，治梁及岐。既修太原，至于岳陽；覃懷厎績，至于衡漳。厥土惟白壤，厥賦惟上上錯，厥田惟中中。恒、衛既從，大陸既作。島夷皮服，夾右碣石，入于河。

濟、河惟兖州。九河既道，雷夏既澤，灉、沮會同。桑土既蠶，是降丘宅土。厥土黑墳，厥草惟繇，厥木惟條。厥田惟中下，厥賦貞，作十有三載乃同。厥貢漆絲，厥篚織文。浮于濟、漯，達于河。

海岱惟青州。嵎夷既略，濰、淄其道。厥土白墳，海濱廣斥。厥田惟上下，厥賦中上。厥貢鹽絺，海物惟錯。岱畎絲、枲、鉛、松、怪石。萊夷作牧。厥篚檿絲。浮于汶，達于濟。

海、岱及淮惟徐州。淮、沂其乂，蒙、羽其藝，大野既豬，東原底平。厥土赤埴墳，草木漸包。厥田惟上中，厥賦中中。厥貢惟土五色，羽畎夏翟，嶧陽孤桐，泗濱浮磬，淮夷蠙珠暨魚。厥篚玄纖、縞。浮于淮、泗，達于河。

淮、海惟揚州。彭蠡既豬，陽鳥攸居。三江既入，震澤底定。篠簜既敷，厥草惟夭，厥木惟喬。厥土惟塗泥。厥田惟下下，厥賦下上，上錯。厥貢惟金三品，瑶、琨、篠、簜、齒、革、羽、毛惟木。島夷卉服。厥篚織貝，厥包橘柚錫貢。沿于江、海，達于淮、泗。

荆及衡陽惟荆州。江、漢朝宗于海，九江孔殷，沱、潛既道，雲土、夢作乂。厥土惟塗泥，厥田惟下中，厥賦上下。厥貢羽、毛、齒、革惟金三品，杶、榦、栝、柏，礪、砥、砮、丹，惟箘、簵、楛，三邦底貢厥名。包匭菁茅，厥篚玄纁璣組，九江納錫大龜。浮于江、沱、潛、漢，逾于洛，至于南河。

荆河惟豫州。伊、洛、瀍、澗既入于河，滎波既豬，導菏澤，被孟豬。厥土惟壤，下土墳壚。厥田惟中上，厥賦錯上中。厥貢漆、枲，絺、紵，厥篚纖、纊，錫貢磬錯。浮于洛，達于河。

華陽、黑水惟梁州。岷、嶓既藝，沱、潛既道。蔡、蒙旅平，和夷底績。厥土青黎，厥田惟下上，厥賦下中，三錯。厥貢璆、鐵、銀、鏤、砮、磬，熊、羆、狐、狸、織皮，西傾因桓是來，浮于潛，逾于沔，入于渭，亂于河。

黑水、西河惟雍州。弱水既西，涇屬渭汭，漆沮既從，灃水攸同。荆、岐既旅，終南、惇物，至于鳥鼠。原隰厎績，至于豬野。三危既宅，三苗丕叙。厥土惟黄壤，厥田惟上上，厥賦中下。厥貢惟球、琳、琅玕。浮于積石，至于龍門、西河，會于渭汭。織皮崐崘、析支、渠、搜，西戎即叙。

導岍及岐，至于荆山，逾于河；壺口、雷首至于太岳；厎柱、析城至于王屋；太行、恒山至于碣石，入于海。

西傾、朱圉、鳥鼠至于太華；熊耳、外方、桐柏至于陪尾。

導嶓冢，至于荆山；内方，至于大别。

岷山之陽，至于衡山，過九江，至于敷淺原。

導弱水，至于合黎，餘波入于流沙。

導黑水，至于三危，入于南海。

導河積石，至于龍門；南至于華陰，東至于厎柱，又東至于孟津，東過洛汭，至于大伾；北過降水，至于大陸；又北，播爲九河，同爲逆河，入于海。

嶓冢導漾，東流爲漢，又東，爲滄浪之水，過三澨，至于大别，南入于江。東，匯澤爲彭蠡，東，爲北江，入于海。

岷山導江，東别爲沱，又東至于澧；過九江，至于東陵，東迆北，會于匯；東爲中江，入于海。

導沇水，東流爲濟，入于河，溢爲滎；東出于陶丘北，又東至于菏，又東北，會于汶，又北，東入于海。

導淮自桐柏，東會于泗、沂，東入于海。

導渭自鳥鼠同穴，東會于灃，又東會于涇，又東過漆沮，入于河。

導洛自熊耳，東北，會于澗、瀍；又東，會于伊，又東北，入于河。

九州攸同，四隩既宅，九山刊旅，九川滌源，九澤既陂，四海會同。六府孔修，庶土交正，厎慎財賦，咸則三壤，成賦中邦。

錫土姓，祗臺德先，不距朕行。

五百里甸服：百里賦納總，二百里納銍，三百里納秸服，四百里粟，五百里米。

五百里侯服：百里采，二百里男邦，三百里諸侯。

五百里綏服：三百里揆文教，二百里奮武衛。

五百里要服：三百里夷，二百里蔡。

五百里荒服：三百里蠻，二百里流。

東漸于海，西被于流沙，朔南暨聲教訖于四海。禹錫玄圭，告厥成功。

甘誓第二

啓與有扈戰于甘之野，作《甘誓》。

大戰于甘，乃召六卿。

王曰：『嗟！六事之人，予誓告汝：有扈氏威侮五行，怠棄三正，天用剿絶其命，今予惟恭行天之罰。左不攻于左，汝不恭命；右不攻于右，汝不恭命；御非其馬之正，汝不恭命。用命，賞于祖；弗用命，戮于社，予則孥戮汝。』

五子之歌第三

太康失邦，昆弟五人須于洛汭，作《五子之歌》。

太康尸位，以逸豫滅厥德，黎民咸貳，乃盤遊無度，畋于有洛之表，十旬弗反。有窮後羿因民弗忍，距于河，厥弟五人御其母以從，徯于洛之汭。五子咸怨，述大禹之戒以作歌。

其一曰：『皇祖有訓，民可近，不可下，民惟邦本，本固邦寧。予視天下愚夫愚婦，一能勝予，一人三失，怨豈在明？不見是圖。予臨兆民，懍乎若朽索之馭六馬，爲人上者，柰何不敬？』

其二曰：『訓有之，内作色荒，外作禽荒。甘酒嗜音，峻宇彫墻。有一于此，未或不亡。』

其三曰：『惟彼陶唐，有此冀方。今失厥道，亂其紀綱，乃厎滅亡。』

其四曰：『明明我祖，萬邦之君。有典有則，貽厥子孫。關石和鈞，王府則有。荒墜厥緒，覆宗絶祀！』

其五曰：『嗚呼曷歸？予懷之悲。萬姓仇予，予將疇依？鬱陶乎予心，顔厚有忸怩。弗慎厥德，雖悔可追？』

胤徵第四

羲和湎淫，廢時亂日，胤往徵之，作《胤徵》。

惟仲康肇位四海，胤侯命掌六師。羲和廢厥職，酒荒于厥邑，胤後承王命徂徵。

告于衆曰：『嗟予有衆，聖有謨訓，明徵定保。先王克謹天戒，臣人克有常憲，百官修輔，厥後惟明明。每歲孟春，遒人以木鐸徇于路，官師相規，工執藝事以諫，其或不恭，邦有常刑。

『惟時羲和，顛覆厥德，沈亂于酒，畔官離次，俶擾天紀，遐棄厥司。乃季秋月朔，辰弗集于房，瞽奏鼓，嗇夫馳，庶人走，羲和尸厥官，罔聞知，昏迷于天象，以幹先王之誅。《政典》曰：「先時者殺無赦，不及時者殺無赦。」今予以爾有衆，奉將天罰。爾衆士同力王室，尚弼予欽承天子威命。火炎崐岡，玉石俱焚。天吏逸德，烈于猛火。殲厥渠魁，脅從罔治，舊染汙俗，咸與惟新。嗚呼！威克厥愛，允濟；愛克厥威，允罔功。其爾衆士懋戒哉！』

自契至于成湯，八遷，湯始居亳，從先王居。作《帝告》、《釐沃》。

湯徵諸侯，葛伯不祀，湯始徵之，作《湯徵》。

伊尹去亳適夏，既丑有夏，復歸于亳。入自北門，乃遇汝鳩、汝方。作《汝鳩》、《汝方》。

湯誓第一

伊尹相湯伐桀，升自陑，遂與桀戰于鳴條之野，作《湯誓》。

王曰：『格爾衆庶，悉聽朕言，非臺小子，敢行稱亂！有夏多罪，天命殛之。今爾有衆，汝曰：「我後不恤我衆，捨我穡事而割正夏。」予惟聞汝衆言，夏氏有罪，予畏上帝，不敢不正。今汝其曰：「夏罪其如臺？」夏王率遏衆力，率割夏邑。有衆率怠弗協，曰：「時日曷喪？予及汝皆亡。」夏德若兹，今朕必往。

『爾尚輔予一人，致天之罰，予其大賚汝！爾無不信，朕不食言。爾不從誓言，予則孥戮汝，罔有攸赦。』

湯既勝夏，欲遷其社，不可。作《夏社》、《疑至》、《臣扈》。

夏師敗績，湯遂從之，遂伐三朡，俘厥寶玉。誼伯、仲伯作《典寶》。

仲虺之誥第二

湯歸自夏，至于大坰，仲虺作誥。

成湯放桀于南巢，惟有慚德。曰：『予恐來世以臺爲口實。』

仲虺乃作誥，曰：『嗚呼！惟天生民有欲，無主乃亂，惟天生聰明時乂。有夏昏德，民墜塗炭，天乃錫王勇智，表正萬邦，纘禹舊服。茲率厥典，奉若天命。夏王有罪，矯誣上天，以布命于下。帝用不臧，式商受命，用爽厥師。簡賢附勢，寔繁有徒。肇我邦于有夏，若苗之有莠，若粟之有秕。小大戰戰，罔不懼于非辜。矧予之德，言足聽聞。惟王不邇聲色，不殖貨利。德懋懋官，功懋懋賞。用人惟己，改過不吝。克寬克仁，彰信兆民。乃葛伯仇餉，初徵自葛，東徵西夷怨，南徵北狄怨，曰：「奚獨後予？」攸徂之民，室家相慶，曰：「徯予後，後來其蘇。」民之戴商，厥惟舊哉！佑賢輔德，顯忠遂良，兼弱攻昧，取亂侮亡，推亡固存，邦乃其昌。德日新，萬邦惟懷；志自滿，九族乃離。王懋昭大德，建中于民，以義制事，以禮制心，垂裕後昆。予聞曰：「能自得師者王，謂人莫己若者亡。好問則裕，自用則小。」嗚呼！慎厥終，惟其始。殖有禮，覆昏暴。欽崇天道，永保天命。』

湯誥第三

湯既黜夏命，復歸于亳，作《湯誥》。

王歸自克夏，至于亳，誕告萬方。王曰：『嗟！爾萬方有衆，明聽予一人誥。惟皇上帝，降衷于下民。若有恒性，克綏厥猷惟後。夏王滅德作威，以敷虐于爾萬方百姓。爾萬方百姓，罹其凶害，弗忍荼毒，並告無辜于上下神祇。天道福善禍淫，降災于夏，以彰厥罪。肆臺小子，將天命明威，不敢赦。敢用玄牡，敢昭告于上天神後，請罪有夏。聿求元聖，與之戮力，以與爾有衆請命。上天孚佑下民，罪人黜伏，天命弗僭，賁若草木，兆民允殖。俾予一人輯寧爾邦家，兹朕未知獲戾于上下，慄慄危懼，若將隕于深淵。凡我造邦，無從匪彝，無即慆淫，各守爾典，以承天休。爾有善，朕弗敢蔽；罪當朕躬，弗敢自赦，惟簡在上帝之心。其爾萬方有罪，在予一人；予一人有罪，無以爾萬方。嗚呼！尚克時忱，乃亦有終。』

咎單作《明居》。

伊訓第四

成湯既没，太甲元年，伊尹作《伊訓》、《肆命》、《徂後》。

惟元祀十有二月乙丑，伊尹祠于先王。奉嗣王祗見厥祖，侯甸羣後咸在，百官總己以聽冢宰。伊尹乃明言烈祖之成德，以訓于王。曰：『嗚呼！古有夏先後，方懋厥德，罔有天災。山川鬼神，亦莫不寧，暨鳥獸魚鱉咸若。于其子孫弗率，皇天降災，假手于我有命，造攻自鳴條，朕哉自亳。惟我商王，布昭聖武，代虐以寬，兆民允懷。今王嗣厥德，罔不在初，立愛惟親，立敬惟長，始于家邦，終于四海。嗚呼！先王肇修人紀，從諫弗咈，先民時若。居上克明，爲下克忠，與人不求備，檢身若不及，以至于有萬邦，茲惟艱哉！敷求哲人，俾輔于爾後嗣。制官刑，儆于有位。曰：「敢有恒舞于宮，酣歌于室，時謂巫風。敢有殉于貨色，恒于遊畋，時謂淫風。敢有侮聖言，逆忠直，遠耆德，比頑童，時謂亂風。惟茲三風十愆，卿士有一于身，家必喪；邦君有一于身，國必亡。臣下不匡，其刑墨，具訓于蒙士。」嗚呼！嗣王祇厥身，念哉！聖謨洋洋，嘉言孔彰。惟上帝不常，作善降之百祥，作不善降之百殃。爾惟德罔小，萬邦惟慶；爾惟不德罔大，墜厥宗。』

太甲上第五

太甲既立，不明，伊尹放諸桐。三年復歸于亳，思庸，伊尹作《太甲》三篇。

惟嗣王不惠于阿衡，伊尹作書曰：『先王顧諟天之明命，以承上下神祇。社稷宗廟，罔不祇肅。天監厥德，用集大命，撫綏萬方。惟尹躬克左右厥辟，宅師，肆嗣王丕承基緒。惟尹躬先見于西邑夏，自周有終，相亦惟終；其後嗣王，罔克有終，相亦罔終，嗣王戒哉！祇爾厥辟，辟不辟，忝厥祖。』

王惟庸，罔念聞。伊尹乃言曰：『先王昧爽丕顯，坐以待旦。旁求俊彥，啓迪後人，無越厥命以自覆。愼乃儉德，惟懷永圖。若虞機張，往省括于度，則釋。欽厥止，率乃祖攸行，惟朕以懌，萬世有辭。』

王未克變。伊尹曰：『茲乃不義，習與性成。予弗狎于弗順，營于桐宮，密邇先王其訓，無俾世迷。王徂桐宮居憂，克終允德。』

太甲中第六

惟三祀十有二月朔，伊尹以冕服奉嗣王歸于亳，作書曰：『民非後，罔克胥匡以生；後非民，罔以辟四方。皇天眷佑有商，俾嗣王克終厥德，實萬世無疆之休。』

王拜手稽首曰：『予小子不明于德，自底不類。欲敗度，縱敗禮，以速戾于厥躬。天作孽，猶可違；自作孽，不可逭。既往背師保之訓，弗克于厥初，尚賴匡救之德，圖惟厥終。』

伊尹拜手稽首曰：『修厥身，允德協于下，惟明後。先王子惠困窮，民服厥命，罔有不悅。並其有邦厥鄰，乃曰：「徯我後，後來無罰。」王懋乃德，視乃厥祖，無時豫怠。奉先思孝，接下思恭。視遠惟明，聽德惟聰。朕承王之休無斁。』

太甲下第七

伊尹申誥于王曰：『嗚呼！惟天無親，克敬惟親。民罔常懷，懷于有仁。鬼神無常享，享于克誠。天位艱哉！德惟治，否德亂。與治同道，罔不興；與亂同事，罔不亡。終始慎厥與，惟明明後。先王惟時懋敬厥德，克配上帝。今王嗣有令緒，尚監茲哉。若升高，必自下。若陟遐，必自邇。無輕民事，惟難；無安厥位，惟危。慎終于始。有言逆于汝心，必求諸道；

有言遜于汝志，必求諸非道。嗚呼！弗慮胡獲？弗爲胡成？一人元良，萬邦以貞。君罔以辯言亂舊政，臣罔以寵利居成功，邦其永孚于休。』

咸有一德第八

伊尹作《咸有一德》。

伊尹既復政厥辟，將告歸，乃陳戒于德。曰：『嗚呼！天難諶，命靡常。常厥德，保厥位。厥德匪常，九有以亡。夏王弗克庸德，慢神虐民。皇天弗保，監于萬方，啓迪有命，眷求一德，俾作神主。惟尹躬暨湯，咸有一德，克享天心，受天明命，以有九有之師，爰革夏正。非天私我有商，惟天佑于一德；非商求于下民，惟民歸于一德。德惟一，動罔不吉；德二三，動罔不凶。惟吉凶不僭在人，惟天降災祥在德。今嗣王新服厥命，惟新厥德。終始惟一，時乃日新。任官惟賢材，左右惟其人。臣爲上爲德，爲下爲民。其難其愼，惟和惟一。德無常師，主善爲師。善無常主，協于克一。俾萬姓咸曰：「大哉！王言。」又曰：「一哉！王心。」克綏先王之禄，永厎烝民之生。嗚呼！七世之廟，可以觀德。萬夫之長，可以觀政。後非民罔使，民非後罔事。無自廣以狹人，匹夫匹婦，不獲自盡，民主罔與成厥功。』

沃丁既葬伊尹于亳，咎單遂訓伊尹事，作《沃丁》。

伊陟相大戊，亳有祥，桑穀共生于朝。伊陟贊于巫咸，作《咸乂》四篇。

太戊贊于伊陟，作《伊陟》、《原命》。

仲丁遷于囂，作《仲丁》。

河亶甲居相，作《河亶甲》。

祖乙圮于耿，作《祖乙》。

盤庚上第九

盤庚五遷，將治亳殷，民咨胥怨。作《盤庚》三篇。

盤庚遷于殷，民不適有居，率籲衆慼出矢言，曰：『我王來，既爰宅于兹，重我民，無盡劉。不能胥匡以生，卜稽曰：「其如臺？」先王有服，恪謹天命，兹猶不常寧；不常厥邑，于今五邦。今不承于古，罔知天之斷命，矧曰其克從先王之烈？若顛木之有由蘖，天其永我命于兹新邑，紹復先王之大業，底綏四方。』

盤庚斆于民，由乃在位，以常舊服，正法度。曰：『無或敢伏小人之攸箴！』王命衆，悉至于庭。

王若曰：『格汝衆，予告汝訓，汝猷黜乃心，無傲從康。

『古我先王，亦惟圖任舊人共政。王播告之脩，不匿厥指。王用丕欽；

罔有逸言，民用丕變。

『今汝聒聒，起信險膚，予弗知乃所訟。非予自荒茲德，惟汝含德，不惕予一人。予若觀火，予亦拙謀作，乃逸。

『若網在綱，有條而不紊；若農服田力穡，乃亦有秋。汝克黜乃心，施實德于民，至于婚友，丕乃敢大言，汝有積德。乃不畏戎毒于遠邇，惰農自安，不昬作勞，不服田畝，越其罔有黍稷。

『汝不和吉言于百姓，惟汝自生毒，乃敗禍姦宄，以自災于厥身。乃既先惡于民，乃奉其恫，汝悔身何及？相時憸民，猶胥顧于箴言，其發有逸口，矧予制乃短長之命？汝曷弗告朕，而胥動以浮言，恐沈于衆？若火之燎于原，不可嚮邇，其猶可撲滅。則惟汝衆自作弗靖，非予有咎。

『遲任有言曰：「人惟求舊，器非求舊，惟新。」古我先王，暨乃祖乃父，胥及逸勤，予敢動用非罰？世選爾勞，予不掩爾善。茲予大享于先王，爾祖其從與享之。作福作災，予亦不敢動用非德。

『予告汝于難，若射之有志。汝無侮老成人，無弱孤有幼。各長于厥居。勉出乃力，聽予一人之作猷。

『無有遠邇，用罪伐厥死，用德彰厥善。邦之臧，惟汝衆；邦之不臧，惟予一人有佚罰。凡爾衆，其惟致告：自今至于後日，各恭爾事，齊乃位，度乃口。罰及爾身，弗可悔。』

盤庚中第十

盤庚作，惟涉河以民遷。乃話民之弗率，誕告用亶。其有衆咸造，勿褻在王庭，盤庚乃登進厥民。曰：『明聽朕言，無荒失朕命！嗚呼！古我前後，罔不惟民之承。保後胥慼，鮮以不浮于天時。殷降大虐，先王不懷厥攸作，視民利用遷。汝曷弗念我古後之聞？承汝俾汝，惟喜康共，非汝有咎，比于罰。予若籲懷茲新邑，亦惟汝故，以丕從厥志。

『今予將試以汝遷，安定厥邦。汝不憂朕心之攸困，乃咸大不宣乃心，欽念以忱動予一人。爾惟自鞠自苦，若乘舟，汝弗濟，臭厥載。爾忱不屬，惟胥以沈。不其或稽，自怒曷瘳？汝不謀長，以思乃災，汝誕勸憂。今其有今罔後，汝何生在上？

『今予命汝一，無起穢以自臭，恐人倚乃身，迂乃心。予迓續乃命于天，予豈汝威？用奉畜汝衆。

『予念我先神後之勞爾先，予丕克羞爾，用懷爾然。失于政，陳于茲，高後丕乃崇降罪疾，曰：「曷虐朕民？」汝萬民乃不生生，暨予一人猷同心，先後丕降與汝罪疾，曰：「曷不暨朕幼孫有比？」故有爽德，自上其罰汝，汝罔能迪。古我先後，既勞乃祖乃父，汝共作我畜民，汝有戕，則在乃心！我先後綏乃祖乃父，乃祖乃父乃斷棄汝，不救乃死。

『茲予有亂政同位，具乃貝玉。乃祖乃父丕乃告我高後曰：「作丕刑于朕孫！」迪高後，丕乃崇降弗祥。

『嗚呼！今予告汝不易。永敬大恤，無胥絕遠。汝分猷念以相從，各設中于乃心。乃有不吉不迪，顛越不恭，暫遇姦宄，我乃劓殄滅之，無遺育，無俾易種于茲新邑。

『往哉！生生！今予將試以汝遷，永建乃家。』

盤庚下第十一

盤庚既遷，奠厥攸居，乃正厥位，綏爰有衆。曰：『無戲怠，懋建大命！今予其敷心腹腎腸，歷告爾百姓于朕志。罔罪爾衆，爾無共怒，協比讒言予一人。古我先王，將多于前功，適于山。用降我凶德，嘉績于朕邦。今我民用蕩析離居，罔有定極，爾謂朕：「曷震動萬民以遷？」肆上帝將復我高祖之德，亂越我家。朕及篤敬，恭承民命，用永地于新邑。肆予沖人，非廢厥謀，弔由靈。各非敢違卜，用宏茲賁。

『嗚呼！邦伯、師長百執事之人，尚皆隱哉！予其懋簡相爾，念敬我衆。朕不肩好貨，敢恭生生。鞠人謀人之保居，叙欽。今我既羞告爾于朕志，若否，罔有弗欽！無總于貨寶，生生自庸。式敷民德，永肩一心。』

説命上第十二

高宗夢得説，使百工營求諸野，得諸傅巖，作《説命》三篇。

王宅憂，亮陰三祀。既免喪，其惟弗言，羣臣咸諫于王曰：『嗚呼！知之曰明哲，明哲實作則。天子惟君萬邦，百官承式，王言惟作命，不言臣下罔攸稟令。』

王庸作書以誥曰：『以臺正于四方，惟恐德弗類，茲故弗言。恭默思道，夢帝賚予良弼，其代予言。』乃審厥象，俾以形旁求于天下。説築傅巖之野，惟肖。爰立作相。王置諸其左右。命之曰：『朝夕納誨，以輔臺德。若金，用汝作礪；若濟巨川，用汝作舟楫；若歲大旱，用汝作霖雨。啓乃心，沃朕心，若藥弗瞑眩，厥疾弗瘳；若跣弗視地，厥足用傷。惟暨乃僚，罔不同心，以匡乃辟。俾率先王，迪我高後，以康兆民。嗚呼！欽予時命，其惟有終。』

説復于王曰：『惟木從繩則正，後從諫則聖。後克聖，臣不命其承，疇敢不祗若王之休命？』

説命中第十三

惟説命總百官，乃進于王曰：『嗚呼！明王奉若天道，建邦設都，樹後王君公，承以大夫師長，不惟逸豫，惟以亂民。惟天聰明，惟聖時憲，惟臣欽若，惟民從乂。惟口起羞，惟甲胄起戎，惟衣裳在笥，惟幹戈省厥躬。王惟戒兹，允兹克明，乃罔不休。惟治亂在庶官。官不及私昵，惟其能；爵罔及惡德，惟其賢。慮善以動，動惟厥時。有其善，喪厥善；矜其能，喪厥功。惟事事乃其有備，有備無患。無啓寵納侮，無恥過作非。惟厥攸居，政事惟醇。黷予祭祀，時謂弗欽。禮煩則亂，事神則難。』

王曰：『旨哉！説。乃言惟服。乃不良于言，予罔聞于行。』説拜稽首，曰：『非知之艱，行之惟艱。王忱不艱，允協于先王成德，惟説不言有厥咎。』

說命下第十四

王曰：『來！汝說。臺小子舊學于甘盤，既乃遯于荒野，入宅于河。自河徂亳，暨厥終罔顯。爾惟訓于朕志，若作酒醴，爾惟麴糵；若作和羹，爾惟鹽梅。爾交修予，罔予棄，予惟克邁乃訓。』

說曰：『王，人求多聞，時惟建事，學于古訓乃有獲。事不師古，以克永世，匪說攸聞。惟學遜志，務時敏，厥脩乃來。允懷于茲，道積于厥躬。惟斅學半，念終始典于學，厥德脩罔覺。監于先王成憲，其永無愆。惟說式克欽承，旁招俊乂，列于庶位。』

王曰：『嗚呼！說，四海之內，咸仰朕德，時乃風。股肱惟人，良臣惟聖。昔先正保衡，作我先王，乃曰：「予弗克俾厥後惟堯舜，其心愧耻，若撻于市。」一夫不獲，則曰時予之辜。佑我烈祖，格于皇天。爾尚明保予，罔俾阿衡專美有商。惟後非賢不乂，惟賢非後不食。其爾克紹乃辟于先王，永綏民。』

說拜稽首曰：『敢對揚天子之休命。』

高宗肜日第十五

高宗祭成湯，有飛雉升鼎耳而雊，祖己訓諸王，作《高宗肜日》、《高宗之訓》。

高宗肜日，越有雊雉。祖己曰：『惟先格王，正厥事。』乃訓于王。曰：『惟天監下民，典厥義。降年有永有不永，非天夭民，民中絶命。民有不若德，不聽罪。天既孚命正厥德，乃曰：「其如台？」嗚呼！王司敬民，罔非天胤，典祀無豐于昵。』

西伯戡黎第十六

殷始咎周，周人乘黎。祖伊恐，奔告于受，作《西伯戡黎》。

西伯既戡黎，祖伊恐，奔告于王。曰：『天子！天既訖我殷命。格人元龜，罔敢知吉。非先王不相我後人，惟王淫戲用自絕。故天棄我，不有康食。不虞天性，不迪率典。今我民罔弗欲喪，曰：「天曷不降威，大命不摯？」今王其如臺。』

王曰：『嗚呼！我生不有命在天？』

祖伊反曰：『嗚呼！乃罪多參在上，乃能責命于天？殷之即喪，指乃功，不無戮于爾邦！』

微子第十七

殷既錯天命，微子作誥父師、小師。

微子若曰：『父師、少師！殷其弗或亂正四方。我祖厎遂陳于上，我用沈酗于酒，用亂敗厥德于下。殷罔不小大，好草竊姦宄。卿士師師非度，凡有辜罪，乃罔恒獲，小民方興，相爲敵讎。今殷其淪喪，若涉大水，其無津涯。殷遂喪，越至于今！』

曰：『父師、少師，我其發出狂？吾家耄遜于荒？今爾無指告予，顛隮，若之何其？』

父師若曰：『王子！天毒降災荒殷邦，方興沈酗于酒，乃罔畏畏，咈其耇長舊有位人。今殷民乃攘竊神祇之犧牷牲用，以容將食，無災。降監殷民，用乂讎斂，召敵讎不怠。罪合于一，多瘠罔詔。

『商今其有災，我興受其敗；商其淪喪，我罔爲臣僕。詔王子出，迪我舊云刻子。王子弗出，我乃顛隮。自靖，人自獻于先王，我不顧行遯。』

泰誓上第一

惟十有一年，武王伐殷。一月戊午，師渡孟津，作《泰誓》三篇。

惟十有三年春，大會于孟津。

王曰：『嗟！我友邦冢君，越我御事庶士，明聽誓。惟天地萬物父母，惟人萬物之靈。亶聰明，作元後，元後作民父母。今商王受，弗敬上天，降災下民。沈湎冒色，敢行暴虐，罪人以族，官人以世，惟宫室、臺榭、陂池、侈服，以殘害于爾萬姓。焚炙忠良，刳剔孕婦。皇天震怒，命我文考，肅將天威，大勳未集。肆予小子發，以爾友邦冢君，觀政于商。惟受罔有悛心，乃夷居，弗事上帝神祇，遺厥先宗廟弗祀。犧牲粢盛，既于凶盜。

乃曰：「吾有民有命！」罔懲其侮。天佑下民，作之君，作之師，惟其克相上帝，寵綏四方。有罪無罪，予曷敢有越厥志？同力度德，同德度義。受有臣億萬，惟億萬心；予有臣三千，惟一心。商罪貫盈，天命誅之。予弗順天，厥罪惟鈞。予小子夙夜祗懼，受命文考，類于上帝，宜于冢土，以爾有衆，底天之罰。天矜于民，民之所欲，天必從之。爾尚弼予一人，永清四海，時哉弗可失！』

泰誓中第二

惟戊午，王次于河朔，羣後以師畢會。王乃徇師而誓曰：『嗚呼！西土有衆，咸聽朕言。我聞吉人爲善，惟日不足。凶人爲不善，亦惟日不足。今商王受，力行無度，播棄犁老，昵比罪人。淫酗肆虐，臣下化之，朋家作仇，脅權相滅。無辜籲天，穢德彰聞。惟天惠民，惟辟奉天。有夏桀，弗克若天，流毒下國。天乃佑命成湯，降黜夏命。惟受罪浮于桀。剥喪元良，賊虐諫輔。謂己有天命，謂敬不足行，謂祭無益，謂暴無傷。厥監惟不遠，在彼夏王。天其以予乂民，朕夢協朕卜，襲于休祥，戎商必克。受有億兆夷人，離心離德。予有亂臣十人，同心同德。雖有周親，不如仁人。天視自我民視，天聽自我民聽。百姓有過，在予一人，今朕必往。我武維揚，侵于之疆，取彼凶殘。我伐用張，于湯有光。勖哉，夫子！罔或無畏，寧執非敵。百姓懍懍，若崩厥角。嗚呼！乃一德一心，立定厥功，惟克永世。』

泰誓下第三

時厥明，王乃大巡六師，明誓衆士。

王曰：『嗚呼！我西土君子。天有顯道，厥類惟彰。今商王受，狎侮五常，荒怠弗敬。自絶于天，結怨于民。斮朝涉之脛，剖賢人之心，作威殺戮，毒痡四海。崇信姦回，放黜師保，屏棄典刑，囚奴正士，郊社不修，宗廟不享，作奇技淫巧以悦婦人。上帝弗順，祝降時喪。爾其孜孜，奉予一人，恭行天罰。古人有言曰：「撫我則後，虐我則讎。」獨夫受，洪惟作威，乃汝世讎。樹德務滋，除惡務本，肆予小子，誕以爾衆士，殄殲乃讎。爾衆士其尚迪果毅，以登乃辟。功多有厚賞，不迪有顯戮。嗚呼！惟我文考，若日月之照臨，光于四方，顯于西土。惟我有周，誕受多方。予克受，非予武，惟朕文考無罪；受克予，非朕文考有罪，惟予小子無良。』

牧誓第四

武王戎車三百兩，虎賁三百人，與受戰于牧野，作《牧誓》。

時甲子昧爽，王朝至于商郊牧野，乃誓。

王左杖黄鉞，右秉白旄以麾，曰：『逖矣，西土之人！』

王曰：『嗟！我友邦冢君，御事司徒、司鄧、司空，亞旅、師氏，千夫長、百夫長，及庸，蜀、羌、髳、微、盧、彭、濮人。稱爾戈，比爾幹，立爾矛，予其誓。』

王曰：『古人有言曰：「牝鷄無晨。牝鷄之晨，惟家之索。」今商王受惟婦言是用，昏棄厥肆祀弗答，昏棄厥遺王父母弟不迪，乃惟四方之多罪逋逃，是崇是長，是信是使，是以爲大夫卿士。俾暴虐于百姓，以姦宄于商邑。

『今予發惟恭行天之罰。今日之事，不愆于六步、七步，乃止齊焉。夫子勖哉！不愆于四伐、五伐、六伐、七伐，乃止齊焉。勖哉夫子！尚桓桓，如虎、如貔、如熊、如羆，于商郊。弗迓克奔，以役西土，勖哉夫子！爾所弗勖，其于爾躬有戮！』

武成第五

武王伐殷。往伐歸獸，識其政事，作《武成》。

惟一月壬辰，旁死魄。越翼日癸巳，王朝步自周，于徵伐商。

厥四月，哉生明，王來自商，至于豐。乃偃武修文，歸馬于華山之陽，放牛于桃林之野，示天下弗服。丁未，祀于周廟，邦甸、侯、衛，駿奔走，執豆、籩。越三日庚戌，柴望，大告武成。

既生魄，庶邦冢君暨百工，受命于周。

王若曰：『嗚呼，羣後！惟先王建邦啓土，公劉克篤前烈，至于大王肇基王迹，王季其勤王家。我文考文王克成厥勳，誕膺天命，以撫方夏。大邦畏其力，小邦懷其德。惟九年，大統未集，予小子其承厥志。底商之罪，告于皇天、後土、所過名山、大川，曰：「惟有道曾孫周王發，將有大正于商。」今商王受無道，暴殄天物，害虐烝民，爲天下逋逃主，萃淵藪。予小子既獲仁人，敢祇承上帝，以遏亂略。華夏蠻貊，罔不率俾。恭天成命，肆予東徵，綏厥士女。惟其士女，篚厥玄黄，昭我周王。天休震動，用附我大邑周。惟爾有神，尚克相予以濟兆民，無作神羞！既戊午，師逾孟津。癸亥，陳于商郊，俟天休命。甲子昧爽，受率其旅若林，會于牧野。罔有敵于我師，前途倒戈，攻于後以北，血流漂杵。一戎衣，天下大定。乃反商政，政由舊。釋箕子囚，封比幹墓，式商容閭。散鹿臺之財，發鉅橋之粟，大賚于四海，而萬姓悦服。』

列爵惟五，分土惟三。建官惟賢，位事惟能。重民五教，惟食、喪、祭。惇信明義，崇德報功。垂拱而天下治。

洪範第六

武王勝殷，殺受，立武庚，以箕子歸。作《洪範》。

惟十有三祀，王訪于箕子。王乃言曰：『嗚呼！箕子。惟天陰騭下民，相協厥居，我不知其彝倫攸敘。』

箕子乃言曰：『我聞在昔，鯀堙洪水，汨陳其五行。帝乃震怒，不畀「洪範」九疇，彝倫攸斁。鯀則殛死，禹乃嗣興，天乃錫禹「洪範」九疇，彝倫攸敘。

『初一曰五行，次二曰敬用五事，次三曰農用八政，次四曰協用五紀，次五曰建用皇極，次六曰乂用三德，次七曰明用稽疑，次八曰念用庶徵，次九曰嚮用五福，威用六極。

『一、五行：一曰水，二曰火，三曰木，四曰金，五曰土。水曰潤下，火曰炎上，木曰曲直，金曰從革，土爰稼穡。潤下作鹹，炎上作苦，曲直作酸，從革作辛，稼穡作甘。

『二、五事：一曰貌，二曰言，三曰視，四曰聽，五曰思。貌曰恭，言曰從，視曰明，聽曰聰，思曰睿。恭作肅，從作乂，明作哲，聰作謀，睿作聖。

『三、八政：一曰食，二曰貨，三曰祀，四曰司空，五曰司徒，六曰司寇，七曰賓，八曰師。

『四、五紀：一曰歲，二曰月，三曰日，四曰星辰，五曰厤數。

『五、皇極：皇建其有極。斂時五福，用敷錫厥庶民。惟時厥庶民于汝極。錫汝保極：凡厥庶民，無有淫朋，人無有比德，惟皇作極。凡厥庶民，有猷有爲有守，汝則念之。不協于極，不罹于咎，皇則受之。而康而色，曰：「予攸好德。」汝則錫之福，時人斯其惟皇之極。無虐煢獨而畏高明，人之有能有爲，使羞其行，而邦其昌。凡厥正人，既富方穀，汝弗能使有好于而家，時人斯其辜。于其無好德，汝雖錫之福，其作汝用咎。無偏無陂，遵王之義；無有作好，遵王之道；無有作惡，遵王之路。無偏無黨，王道蕩蕩；無黨無偏，王道平平；無反無側，王道正直。會其有極，歸其有極。曰皇極之敷言，是彝是訓，于帝其訓，凡厥庶民，極之敷言，是訓是行，以近天子之光。曰天子作民父母，以爲天下王。

『六、三德：一曰正直，二曰剛克，三曰柔克。平康正直，强弗友剛克，燮友柔克。沈潛剛克，高明柔克。惟辟作福，惟辟作威，惟辟玉食。臣無有作福、作威、玉食。臣之有作福、作威、玉食，其害于而家，凶于而國。人用側頗僻，民用僭忒。

『七、稽疑：擇建立卜筮人，乃命卜筮。曰雨，曰霽，曰蒙，曰驛，曰克，曰貞，曰悔，凡七。卜五，占用二，衍忒。立時人作卜筮，三人占，則從二人之言。汝則有大疑，謀及乃心，謀及卿士，謀及庶人，謀及卜筮。汝則從，龜從，筮從，卿士從，庶民從，是之謂大同。身其康强，子孫其逢吉，汝則從，龜從，筮從，卿士逆，庶民逆，吉。卿士從，龜從，筮從，汝則逆，庶民逆，吉。庶民從，龜從，筮從，汝則逆，卿士逆，吉。汝則從，龜從，筮逆，卿士逆，庶民逆，作内吉，作外凶。龜筮共違于人，用静吉，用作凶。

『八、庶徵：曰雨，曰暘，曰燠，曰寒，曰風，曰時。五者來備，各以其叙，庶草蕃廡。一極備，凶；一極無，凶。曰休徵。曰肅，時雨若；曰乂，時暘若；曰哲，時燠若；曰謀，時寒若；曰聖，時風若。曰咎徵：曰狂，恒雨若；曰僭，恒暘若；曰豫，恒燠若；曰急，恒寒若；曰蒙，恒風若。曰王省惟歲，卿士惟月，師尹惟日。歲月日時無易，百穀用成，乂用明，俊民用章，家用平康。日月歲時既易，百穀用不成，乂用昏不明，俊民用微，家用不寧。庶民惟星，星有好風，星有好雨。日月之行，則有冬有夏。月之從星，則以風雨。

『九、五福：一曰壽，二曰富，三曰康寧，四曰攸好德，五曰考終命。六極：一曰凶短折，二曰疾，三曰憂，四曰貧，五曰惡，六曰弱。』

武王既勝殷，邦諸侯，班宗彝，作《分器》。

旅獒第七

西旅獻獒，太保作《旅獒》。

惟克商，遂通道于九夷八蠻。西旅厎貢厥獒，太保乃作《旅獒》，用訓于王。曰：『嗚呼！明王愼德，西夷咸賓。無有遠邇，畢獻方物，惟服食器用。王乃昭德之致于异姓之邦，無替厥服；分寶玉于伯叔之國，時庸展親。人不易物，惟德其物！德盛不狎侮。狎侮君子，罔以盡人心；狎侮小人，罔以盡其力。不役耳目，百度惟貞。玩人喪德，玩物喪志。志以道寧，言以道接。不作無益害有益，功乃成；不貴异物賤用物，民乃足。犬馬非其土性不畜，珍禽奇獸不育于國，不寶遠物，則遠人格；所寶惟賢，則邇人安。嗚呼！夙夜罔或不勤，不矜細行，終累大德。爲山九仞，功虧一簣。允迪兹，生民保厥居，惟乃世王。』

巢伯來朝，芮伯作《旅巢命》。

金縢第八

武王有疾，周公作《金縢》。

既克商二年，王有疾，弗豫。二公曰：『我其爲王穆卜。』周公曰：『未可以戚我先王？』公乃自以爲功，爲三壇同墠。爲壇于南方，北面，周公立焉。植璧秉珪，乃告大王、王季、文王。

史乃册，祝曰：『惟爾元孫某，遘厲虐疾。若爾三王，是有丕子之責于天，以旦代某之身。予仁若考能，多材多藝，能事鬼神。乃元孫不若旦多材多藝，不能事鬼神。乃命于帝庭，敷佑四方，用能定爾子孫于下地。四方之民，罔不祗畏。嗚呼！無墜天之降寶命，我先王亦永有依歸。今我即命于元龜，爾之許我，我其以璧與珪歸俟爾命；爾不許我，我乃屏璧與珪。』

乃卜三龜，一習吉。啓籥見書，乃并是吉。公曰：『體！王其罔害。予小子新命于三王，惟永終是圖；兹攸俟，能念予一人。』

公歸，乃納册于金縢之匱中。王翼日乃瘳。

武王既喪，管叔及其羣弟乃流言于國，曰：『公將不利于孺子。』周公乃告二公曰：『我之弗辟，我無以告我先王。』周公居東二年，則罪人斯得。于後，公乃爲詩以貽王，名之曰《鴟鴞》。王亦未敢誚公。

秋，大熟，未穫，天大雷電以風，禾盡偃，大木斯拔，邦人大恐。王與大夫盡弁，以啓金縢之書，乃得周公所自以爲功代武王之説。二公及王乃問諸史與百執事。對曰：『信。噫！公命。我勿敢言。』

王執書以泣，曰：『其勿穆卜！昔公勤勞王家，惟予沖人弗及知。今天動威以彰周公之德，惟朕小子其新逆，我國家禮亦宜之。』王出郊，天乃雨，反風，禾則盡起。二公命邦人凡大木所偃，盡起而築之。歲則大熟。

大誥第九

武王崩，三監及淮夷叛，周公相成王，將黜殷，作《大誥》。

王若曰：『猷！大誥爾多邦，越爾御事。弗弔，天降割于我家不少延。洪惟我幼沖人，嗣無疆大歷服。弗造哲，迪民康，矧曰其有能格知天命？

已！予惟小子，若涉淵水，予惟往求朕攸濟。敷賁，敷前人受命，兹不忘大功。予不敢閉于天降威用。寧王遺我大寶龜，紹天明即命。曰：「有大艱于西土，西土人亦不靜，越兹蠢。」殷小腆誕敢紀其敘。天降威，知我國有疵，民不康，曰：「予復！」反鄙我周邦。今蠢，今翼日，民獻有十夫，予翼以于敉寧武圖功。我有大事休，朕卜并吉。

『肆予告我友邦君，越尹氏、庶士御事曰：「予得吉卜，予惟以爾庶邦，于伐殷逋播臣。」爾庶邦君，越庶士御事，罔不反曰：「艱大，民不靜，亦惟在王宫邦君室。越予小子，考翼不可徵，王害不違卜？」

『肆予沖人永思艱，曰：嗚呼！允蠢鰥寡，哀哉！予造天役，遺大投艱于朕身，越予沖人，不卬自恤。義爾邦君，越爾多士、尹氏、御事，綏予曰：「無毖于恤。不可不成乃寧考圖功！」

『已！予惟小子，不敢替上帝命。天休于寧王，興我小邦周，寧王惟卜用，克綏受茲命。今天其相民，矧亦惟卜用。嗚呼！天明畏，弼我丕丕基！』

王曰：『爾惟舊人，爾丕克遠省，爾知寧王若勤哉！天閟毖我成功所，予不敢不極卒寧王圖事。肆予大化誘我友邦君，天棐忱辭，其考我民，予曷其不于前寧人圖功攸終？天亦惟用勤毖我民，若有疾，予曷敢不于前寧人攸受休畢！』

王曰：『若昔朕其逝，朕言艱日思。若考作室，既底法，厥子乃弗肯堂，矧肯構？厥父菑，厥子乃弗肯播，矧肯穫？厥考翼，其肯曰：「予有後，弗棄基？」肆予曷敢不越卬敉寧王大命？若兄考，乃有友伐厥子，民養其勸弗救？』

王曰：『嗚呼！肆哉！爾庶邦君，越爾御事。爽邦由哲，亦惟十人，迪知上帝命。越天棐忱，爾時罔敢易法，矧今天降戾于周邦？惟大艱人，誕鄰胥伐于厥室，爾亦不知天命不易？

『予永念曰：天惟喪殷，若穡夫，予曷敢不終朕畝？天亦惟休于前寧人，予曷其極卜？敢弗于從？率寧人有指疆土？矧今卜并吉？肆朕誕以爾東徵。天命不僭，卜陳惟若茲。』

微子之命第十

成王既黜殷命，殺武庚，命微子啓代殷後，作《微子之命》。

王若曰：『猷！殷王元子。惟稽古，崇德象賢。統承先王，修其禮物，作賓于王家，與國咸休，永世無窮。嗚呼！乃祖成湯克齊聖廣淵，皇天眷佑，誕受厥命。撫民以寬，除其邪虐，功加于時，德垂後裔。爾惟踐修厥猷，舊有令聞，恪慎克孝，肅恭神人。予嘉乃德，曰篤不忘。上帝時歆，下民祗協，庸建爾于上公，尹兹東夏。欽哉！往敷乃訓，慎乃服命，率由典常，以蕃王室。弘乃烈祖，律乃有民，永綏厥位，毗予一人。世世享德，萬邦作式，俾我有周無斁。嗚呼！往哉惟休，無替朕命。』

唐叔得禾，異畝同穎，獻諸天子。王命唐叔歸周公于東，作《歸禾》。

周公既得命禾，旅天子之命，作《嘉禾》。

康誥第十一

成王既伐管叔、蔡叔，以殷餘民封康叔，作《康誥》、《酒誥》、《梓材》。

惟三月哉生魄，周公初基，作新大邑于東國洛，四方民大和會。侯、甸、男邦、采、衛，百工播民和，見士于周。周公咸勤，乃洪大誥治。

王若曰：『孟侯，朕其弟，小子封。惟乃丕顯考文王，克明德慎罰，不敢侮鰥寡，庸庸，祗祗，威威，顯民。用肇造我區夏，越我一二邦以修。我西土惟時怙冒，聞于上帝，帝休。天乃大命文王。殪戎殷，誕受厥命，越厥邦厥民，惟時叙。乃寡兄勖。肆汝小子封，在兹東土。』

王曰：『嗚呼！封，汝念哉！今民將在祗遹乃文考，紹聞衣德言。往敷求于殷先哲王，用保乂民，汝丕遠惟商耇成人，宅心知訓。别求聞由古先哲王，用康保民。弘于天，若德裕乃身，不廢在王命！』

王曰：『嗚呼！小子封，恫瘝乃身，敬哉！天畏棐忱，民情大可見，小人難保。往盡乃心，無康好逸豫，乃其乂民。我聞曰：「怨不在大，亦不在小；惠不惠，懋不懋。」已！汝惟小子，乃服惟弘王，應保殷民，亦惟助王宅天命，作新民。』

王曰：『嗚呼！封，敬明乃罰。人有小罪，非眚，乃惟終，自作不典；

式爾，有厥罪小，乃不可不殺。乃有大罪，非終，乃惟眚災，適爾，既道極厥辜，時乃不可殺。』

王曰：『嗚呼！封，有叙，時乃大明服，惟民其敕懋和。若有疾，惟民其畢棄咎。若保赤子，惟民其康乂。非汝封刑人殺人，無或刑人殺人。非汝封又曰劓刵人，無或劓刵人。』

王曰：『外事，汝陳時臬，司師，茲殷罰有倫。』又曰：『要囚，服念五六日，至于旬時，丕蔽要囚。』

王曰：『汝陳時臬事，罰蔽殷彝，用其義刑義殺，勿庸以次汝封。乃汝盡遜曰時叙，惟曰未有遜事。已！汝惟小子，未其有若汝封之心。朕心朕德，惟乃知。凡民自得罪：寇攘姦宄，殺越人于貨，暋不畏死，罔弗憝。』

王曰：『封，元惡大憝，矧惟不孝不友？子弗祗服厥父事，大傷厥考心；于父不能字厥子，乃疾厥子。于弟弗念天顯，乃弗克恭厥兄。兄亦不念鞠子哀，大不友于弟。惟吊茲，不于我政人得罪，天惟與我民彝大泯亂。曰：乃其速由文王作罰，刑茲無赦。

『不率大戛，矧惟外庶子訓人？惟厥正人，越小臣諸節。乃别播敷，造民大譽，弗念弗庸，瘝厥君，時乃引惡惟朕憝。已！汝乃其速由茲義率殺，亦惟君惟長，不能厥家人越厥小臣外正，惟威惟虐，大放王命，乃非德用乂。汝亦罔不克敬典，乃由裕民，惟文王之敬忌。乃裕民曰：「我惟有及。」則予一人以懌。』

王曰：『封，爽惟民，迪吉康，我時其惟殷先哲王德，用康乂民，作求。矧今民罔迪不適，不迪則罔政在厥邦。』

王曰：『封，予惟不可不監，告汝德之説于罰之行。今惟民不静，未戾厥心，迪屢未同，爽惟天其罰殛我，我其不怨。惟厥罪，無在大，亦無在多，矧曰其尚顯聞于天？』

王曰：『嗚呼！封，敬哉！無作怨，勿用非謀非彝。蔽時忱，丕則敏德，用康乃心，顧乃德，遠乃猷，裕乃以民寧，不汝瑕殄。』

王曰：『嗚呼！肆汝小子封。惟命不于常，汝念哉！無我殄。享，明乃服命，高乃聽，用康乂民。』

王若曰：『往哉！封，勿替敬，典聽朕告，汝乃以殷民世享。』

酒誥第十二

王若曰：『明大命于妹邦。乃穆考文王，肇國在西土。厥誥毖庶邦庶士越少正、御事，朝夕曰：「祀茲酒。」惟天降命，肇我民，惟元祀。天降威，我民用大亂喪德，亦罔非酒惟行；越小大邦用喪，亦罔非酒惟辜。

『文王誥教小子有正有事，無彝酒。越庶國，飲惟祀，德將無醉。惟曰我民迪小子，惟土物愛，厥心臧。聰聽祖考之彝訓，越小大德，小子惟一。

『妹土嗣爾股肱，純其藝黍稷，奔走事厥考厥長。肇牽車牛，遠服賈，用孝養厥父母。厥父母慶，自洗腆，致用酒。庶士有正越庶伯君子，其爾典聽朕教！爾大克羞耇惟君，爾乃飲食醉飽。丕惟曰，爾克永觀省，作稽中德，爾尚克羞饋祀，爾乃自介用逸，茲乃允惟王正事之臣，茲亦惟天若元德，永不忘在王家。』

王曰：『封，我西土棐徂邦君、御事小子，尚克用文王教，不腆于酒，故我至于今，克受殷之命。』

王曰：『封，我聞惟曰：「在昔殷先哲王，迪畏天，顯小民，經德秉哲。

自成湯咸至于帝乙，成王畏相。惟御事，厥棐有恭，不敢自暇自逸，矧曰其敢崇飲？越在外服，侯、甸、男、衛邦伯，越在内服，百僚庶尹惟亞惟服宗工，越百姓里居，罔敢湎于酒。不惟不敢，亦不暇，惟助成王德顯，越尹人祇辟。」

『我聞亦惟曰：「在今後嗣王酣身，厥命罔顯于民，祇保越怨不易。誕惟厥縱，淫泆于非彝，用燕喪威儀，民罔不衋傷心。惟荒腆于酒，不惟自息乃逸，厥心疾很，不克畏死。辜在商邑，越殷國滅無罹。弗惟德馨香，祀登聞于天，誕惟民怨。庶羣自酒，腥聞在上，故天降喪于殷，罔愛于殷，惟逸。天非虐，惟民自速辜。」』

王：『封，予不惟若茲多誥。古人有言曰：「人無於水監，當於民監。」今惟殷墜厥命，我其可不大監撫于時？』予惟曰：『汝劼毖殷獻臣、侯、甸、男、衛，矧太史友、内史友？越獻臣百宗工，矧惟爾事服休服采，矧惟若疇圻父，薄違農夫？若保宏父，定辟，矧汝剛制于酒？』

『厥或誥曰：「羣飲。」汝勿佚。盡執拘以歸于周，予其殺。又惟殷之迪諸臣，惟工乃湎于酒，勿庸殺之，姑惟教之有斯明享。乃不用我教辭，惟我一人弗恤，弗蠲乃事，時同于殺。』

王曰：『封，汝典聽朕毖，勿辯乃司民湎于酒。』

梓材第十三

王曰：『封，以厥庶民暨厥臣，達大家，以厥臣達王，惟邦君。汝若恒，越曰：「我有師師。」司徒、司馬、司空、尹旅曰：「予罔厲殺人。」亦厥君先敬勞，肆徂厥敬勞。肆往，姦宄、殺人、歷人宥。肆亦見厥君事，戕敗人宥。王啓監，厥亂爲民。曰：「無胥戕，無胥虐，至于敬寡，至于屬婦，合由以容。」王其效邦君，越御事，厥命曷以？「引養引恬。」自古王若兹監，罔攸辟！

『惟曰：若稽田，既勤敷菑，惟其陳修，爲厥疆畎。若作室家，既勤垣墉，惟其塗塈茨。若作梓材，既勤樸斫，惟其塗丹雘。

『今王惟曰：先王既勤用明德，懷爲夾，庶邦享，作兄弟，方來，亦既用明德，後式典集，庶邦丕享。皇天既付中國民，越厥疆土，于先王肆。王惟德用，和懌先後迷民，用懌先王受命。已！若兹監，惟曰欲至于萬年惟王，子子孫孫永保民。』

召誥第十四

成王在豐，欲宅洛邑，使召公先相宅，作《召誥》。

惟二月既望，越六日乙未，王朝步自周，則至于豐。惟太保先周公相宅，越若來三月，惟丙午朏。越三日戊申，太保朝至于洛，卜宅。厥既得卜，則經營。越三日庚戌，太保乃以庶殷攻位于洛汭。越五日甲寅，位成。

若翼日乙卯，周公朝至于洛，則達觀于新邑營。越三日丁巳，用牲于郊，牛二。越翼日戊午，乃社于新邑，牛一，羊一，豕一。越七日甲子，周公乃朝用書，命庶殷侯、甸、男邦伯。厥既命殷庶，庶殷丕作。

太保乃以庶邦冢君出取幣，乃復入，錫周公曰：『拜手稽首，旅王若公。誥告庶殷，越自乃御事。嗚呼！皇天上帝，改厥元子，茲大國殷之命。惟王受命，無疆惟休，亦無疆惟恤。嗚呼！曷其奈何弗敬？

『天既遐終大邦殷之命，茲殷多先哲王在天，越厥後王後民，茲服厥命。厥終智藏瘝在。夫知保抱攜持厥婦子，以哀籲天，徂厥亡出執。嗚呼！天亦哀于四方民，其眷命用懋。

『王其疾敬德，相古先民有夏，天迪從子保，面稽天若；今時既墜厥命。今相有殷，天迪格保，面稽天若；今時既墜厥命。今沖子嗣，則無遺壽耇，曰其稽我古人之德，矧曰其有能稽謀自天？

『嗚呼！有王雖小，元子哉！其丕能諴于小民。今休。王不敢後用，顧畏于民碞；王來紹上帝，自服于土中。旦曰：「其作大邑，其自時配皇天，毖祀于上下，其自時中乂；王厥有成命治民，今休。」

『王先服殷御事，比介于我有周御事，節性，惟日其邁。王敬作所，不可不敬德。

『我不可不監于有夏，亦不可不監于有殷。我不敢知曰，有夏服天命，惟有歷年。我不敢知曰，不其延，惟不敬厥德，乃早墜厥命。我不敢知曰，有殷受天命，惟有歷年。我不敢知曰，不其延。惟不敬厥德，乃早墜厥命。

今王嗣受厥命，我亦惟兹二國命，嗣若功。

『王乃初服。嗚呼！若生子，罔不在厥初生，自貽哲命。今天其命哲，命吉凶，命歷年。知今我初服，宅新邑。肆惟王其疾敬德。王其德之用，祈天永命。其惟王勿以小民淫用非彝，亦敢殄戮用乂民，若有功，其惟王位在德元。小民乃惟刑用于天下，越王顯。

『上下勤恤，其曰，我受天命，丕若有夏曆年，式勿替有殷曆年。欲王以小民受天永命。』

拜手稽首曰：『予小臣敢以王之讎民百君子，越友民，保受王威命明德。王末有成命，王亦顯。我非敢勤，惟恭奉幣，用供王能祈天永命。』

洛誥第十五

召公既相宅，周公往營成周，使來告卜，作《洛誥》。

周公拜手稽首曰：『朕復子明辟。王如弗敢及天基命定命，予乃胤保，大相東土，其基作民明辟。予惟乙卯，朝至于洛師。我卜河朔黎水，我乃卜澗水東，瀍水西，惟洛食。我又卜瀍水東，亦惟洛食。伻來以圖及獻卜。』

王拜手稽首曰：『公不敢不敬天之休，來相宅，其作周匹休。公既定宅，伻來，來視予卜休恒吉。我二人共貞。公其以予萬億年敬天之休。』拜手稽首誨言。

周公曰：『王肇稱殷禮，祀于新邑，咸秩無文。予齊百工，伻從王于周。予惟曰：「庶有事。」今王即命曰：「記功，宗以功，作元祀。」惟命曰：「汝受命篤弼，丕視功載，乃汝其悉自教工。」孺子其朋，孺子其朋，其往。無若火始焰焰；厥攸灼叙，弗其絶。厥若彝，及撫事如予，惟以在周工。

往新邑，伻嚮即有僚，明作有功，惇大成裕，汝永有辭。』

公曰：『已！汝惟沖子惟終。汝其敬識百辟享，亦識其有不享。享多儀，儀不及物，惟曰不享。惟不役志于享，凡民惟曰不享，惟事其爽侮。乃惟孺子，頒朕不暇，聽朕教汝于棐民彝，汝乃是不蘉，乃時惟不永哉！篤叙乃正父，罔不若予，不敢廢乃命。汝往敬哉！茲予其明農哉！彼裕我民，無遠用戾。』

王若曰：『公！明保予沖子。公稱丕顯德，以予小子揚文武烈，奉答天命，和恒四方民，居師。惇宗將禮，稱秩元祀，咸秩無文。惟公德明光于上下，勤施于四方，旁作穆穆迓衡，不迷文武勤教，予沖子夙夜毖祀。』

王曰：『公功棐迪，篤罔不若時。』

王曰：『公！予小子其退即辟于周，命公後。四方迪亂，未定于宗禮，亦未克敉公功。迪將其後，監我士師工，誕保文武受民亂，爲四輔。』王曰：『公定，予往已。公功肅將祗歡，公無困哉！我惟無斁其康事，公勿替刑，四方其世享。』

周公拜手稽首曰：『王命予來，承保乃文祖受命民，越乃光烈考武王，弘朕恭。孺子來相宅，其大惇典殷獻民，亂爲四方新辟，作周恭先。曰：「其自時中乂，萬邦咸休，惟王有成績。予旦以多子越御事，篤前人成烈，答其師，作周孚先。」『考朕昭子刑，乃單文祖德。伻來毖殷，乃命寧。予以秬鬯二卣，曰明禋，拜手稽首，休享。予不敢宿，則禋于文王、武王。惠篤叙，無有遘自疾，萬年猒于乃德，殷乃引考。王伻殷，乃承叙萬年，其永觀朕子懷德。』

戊辰，王在新邑，烝祭歲，文王騂牛一，武王騂牛一。王命作册，逸祝册，惟告周公其後。王賓，殺禋，咸格，王入太室祼。王命周公後，作册逸誥，在十有二月。惟周公誕保文武受命，惟七年。

多士第十六

成周既成，遷殷頑民，周公以王命誥，作《多士》。

惟三月，周公初于新邑洛，用告商王士。

王若曰：『爾殷遺多士弗弔，旻天大降喪于殷，我有周佑命，將天明威，致王罰，敕殷命終于帝。肆爾多士，非我小國敢弋殷命。惟天不畀允罔固亂，弼我，我其敢求位？惟帝不畀，惟我下民秉爲，惟天明畏。

『我聞曰：「上帝引逸。」有夏不適逸，則惟帝降格。嚮于時夏，弗克庸帝，大淫泆有辭。惟時天罔念聞，厥惟廢元命，降致罰；乃命爾先祖成湯革夏，俊民甸四方。

『自成湯至于帝乙，罔不明德恤祀。亦惟天丕建保乂有殷，殷王亦罔敢失帝，罔不配天其澤。在今後嗣王，誕罔顯于天，矧曰其有聽念于先王勤家？誕淫厥泆，罔顧于天顯民祇，惟時上帝不保，降若茲大喪。惟天不畀不明厥德，凡四方小大邦喪，罔非有辭于罰。』

王若曰：『爾殷多士，今惟我周王丕靈承帝事，有命曰：「割殷，告敕于帝。」惟我事不貳適，惟爾王家我適。予其曰：「惟爾洪無度，我不爾動，自乃邑。」予亦念天即于殷大戾，肆不正。』

王曰：『猷！告爾多士，予惟時其遷居西爾，非我一人奉德不康寧，時惟天命。無違，朕不敢有後，無我怨。惟爾知，惟殷先人有冊有典，殷革夏命。今爾又曰：「夏迪簡在王庭，有服在百僚。」予一人惟聽用德，肆予敢求于天邑商。予惟率肆矜爾，非予罪，時惟天命。』

王曰：『多士，昔朕來自奄，予大降爾四國民命。我乃明致天罰，移爾遐逖，比事臣我宗，多遜。』

王曰：『告爾殷多士，今予惟不爾殺，予惟時命有申。今朕作大邑于茲洛，予惟四方罔攸賓，亦惟爾多士攸服奔走臣我，多遜。爾乃尚有爾土，爾乃尚寧幹止。爾克敬，天惟畀矜爾，爾不克敬，爾不啻不有爾土，予亦致天之罰于爾躬。今爾惟時宅爾邑，繼爾居。爾厥有幹有年于茲洛。爾小子乃興，從爾遷。』

王曰：『又曰時予，乃或言爾攸居。』

無逸第十七

周公作《無逸》。

周公曰：『嗚呼！君子所其無逸。先知稼穡之艱難，乃逸，則知小人之依。相小人，厥父母勤勞稼穡，厥子乃不知稼穡之艱難，乃逸乃諺。既誕，否則侮厥父母曰：「昔之人無聞知。」』

周公曰：『嗚呼！我聞曰：昔在殷王中宗，嚴恭寅畏，天命自度，治民祗懼，不敢荒寧。肆中宗之享國七十有五年。其在高宗，時舊勞于外，爰暨小人。作其即位，乃或亮陰，三年不言。其惟不言，言乃雍。不敢荒寧，嘉靖殷邦。至于小大，無時或怨。肆高宗之享國五十年有九年。其在祖甲，不義惟王，舊爲小人。作其即位，爰知小人之依，能保惠于庶民，不敢侮鰥寡。肆祖甲之享國三十有三年。自時厥後立王，生則逸，生則逸，不知稼穡之艱難，不聞小人之勞，惟耽樂之從。自時厥後，亦罔或克壽。或十年，或七八年，或五六年，或四三年。』

周公曰：『嗚呼！厥亦惟我周太王、王季，克自抑畏。文王卑服，即康功田功。徽柔懿恭，懷保小民，惠鮮鰥寡。自朝至于日中昃，不遑暇食，用咸和萬民。文王不敢盤于遊田，以庶邦惟正之供。文王受命惟中身，厥享國五十年。』

周公曰：『嗚呼！繼自今嗣王，則其無淫于觀、于逸、于遊、于田，以萬民惟正之供。無皇曰：「今日耽樂。」乃非民攸訓，非天攸若，時人丕則有愆。無若殷王受之迷亂，酗于酒德哉！』

周公曰：『嗚呼！我聞曰：「古之人猶胥訓告，胥保惠，胥教誨，民無或胥譸張爲幻。」此厥不聽，人乃訓之，乃變亂先王之正刑，至于小大。民否則厥心違怨，否則厥口詛祝。』

周公曰：『嗚呼！自殷王中宗及高宗及祖甲及我周文王，兹四人迪哲。厥或告之曰：「小人怨汝詈汝。」則皇自敬德。厥愆，曰：「朕之愆。」允若時，不啻不敢含怒。此厥不聽，人乃或譸張爲幻，曰：「小人怨汝詈汝，則信之。」則若時，不永念厥辟，不寬綽厥心，亂罰無罪，殺無辜。怨有同，是叢于厥身。」

周公曰：『嗚呼！嗣王其監于兹。』

君奭第十八

召公爲保，周公爲師，相成王爲左右。召公不説，周公作《君奭》。

周公若曰：『君奭！弗弔，天降喪于殷，殷既墜厥命，我有周既受。我不敢知曰，厥基永孚于休。若天棐忱，我亦不敢知曰，其終出于不祥。

『嗚呼！君已！曰時我，我亦不敢寧于上帝命。弗永遠念天威，越我民罔尤違。惟人在我後嗣子孫，大弗克恭上下，遏佚前人光，在家不知。

天命不易，天難諶，乃其墜命，弗克經歷。嗣前人，恭明德，在今予小子旦。非克有正，迪惟前人光，施于我沖子。』又曰：『天不可信，我道惟寧王德延，天不庸釋于文王受命。』

公曰：『君奭！我聞在昔成湯既受命，時則有若伊尹，格于皇天。在太甲，時則有若保衡。在太戊，時則有若伊陟、臣扈，格于上帝。巫咸乂王家。在祖乙，時則有若巫賢。在武丁，時則有若甘盤。率惟茲有陳，保乂有殷，故殷禮陟配天，多歷年所。天維純佑命，則商實百姓。王人罔不秉德，明恤小臣，屏侯甸，矧咸奔走，惟茲惟德稱，用乂厥辟。故一人有事于四方，若卜筮，罔不是孚。』

公曰：『君奭！天壽平格，保乂有殷，有殷嗣，天滅威。今汝永念，則有固命，厥亂明我新造邦。』

公曰：『君奭！在昔上帝，割申勸寧王之德，其集大命于厥躬。惟文王尚克修和我有夏，亦惟有若虢叔，有若閎夭，有若散宜生，有若泰顛，有若南宮括。』又曰：『無能往來，兹迪彝教，文王蔑德降于國人。亦惟純佑秉德，迪知天威，乃惟時昭文王。迪見冒聞于上帝，惟時受有殷命哉！武王惟兹四人，尚迪有禄。後暨武王誕將天威，咸劉厥敵。惟兹四人，昭武王，惟冒丕單稱德。今在予小子旦，若游大川，予往暨汝奭其濟小子，同未在位，誕無我責。收罔勖不及。耇造德不降，我則鳴鳥不聞，矧曰其有能格？』

公曰：『嗚呼！君肆其監于兹。我受命于疆惟休，亦大惟艱。告君，乃猷裕，我不以後人迷。』

公曰：『前人敷乃心，乃悉命汝，作汝民極。曰：「汝明勖偶王，在亶乘茲大命，惟文王德，丕承無疆之恤！』

公曰：『君！告汝朕允，保奭，其汝克敬以予，監于殷喪大否。肆念我天威，予不允惟若茲誥，予惟曰：「襄我二人，汝有合哉！」言曰：「在時二人，天休茲至，惟時二人弗戡。」其汝克敬德，明我俊民在讓，後人于丕時。

『嗚呼！篤棐時二人，我式克至于今日休。我咸成文王功于不怠，丕冒海隅出日，罔不率俾。』

公曰：『君！予不惠若茲多誥，予惟用閔于天越民。』

公曰：『嗚呼！君惟乃知民德，亦罔不能厥初，惟其終。祗若茲，往敬用治。』

蔡仲之命第十九

蔡叔既没，王命蔡仲，踐諸侯位，作《蔡仲之命》。

惟周公位冢宰，正百工，羣叔流言。乃致辟管叔于商；囚蔡叔于郭鄰，以車七乘；降霍叔于庶人，三年不齒。蔡仲克庸祇德，周公以爲卿士。叔卒，乃命諸王邦之蔡。王若曰：『小子胡，惟爾率德改行，克愼厥猷，肆予命爾侯于東土。往即乃封，敬哉！爾尚蓋前人之愆，惟忠惟孝；爾乃邁迹自身，克勤無怠，以垂憲乃後；率乃祖文王之彝訓，無若爾考之違王命。皇天無親，惟德是輔。民心無常，惟惠之懷。爲善不同，同歸于治；爲惡不同，同歸于亂。爾其戒哉！愼厥初，惟厥終，終以不困；不惟厥終，終以困窮。懋乃攸績，睦乃四鄰，以蕃王室，以和兄弟，康濟小民。率自中，無作聰明亂舊章。詳乃視聽，罔以側言改厥度。則予一人汝嘉。』王曰：『嗚呼！小子胡，汝往哉！無荒棄朕命！』

成王東伐淮夷，遂踐奄，作《成王政》。

成王既踐奄，將遷其君於蒲姑，周公告召公，作《將蒲姑》。

多方第二十

成王歸自奄，在宗周，誥庶邦，作《多方》。

惟五月丁亥，王來自奄，至于宗周。

周公曰：『王若曰：猷！告爾四國多方，惟爾殷侯尹民，我惟大降爾命，爾罔不知。洪惟圖天之命，弗永寅念于祀，惟帝降格于夏。有夏誕厥逸，不肯慼言于民，乃大淫昬，不克終日勸于帝之迪，乃爾攸聞。厥圖帝之命，不克開于民之麗。乃大降罰，崇亂有夏。因甲于内亂，不克靈承于旅；罔丕惟進之恭，洪舒于民。亦惟有夏之民叨懫，日欽劓割夏邑。天惟時求民主，乃大降顯休命于成湯，刑殄有夏，惟天不畀純，乃惟以爾多方之義民，不克永于多享。惟夏之恭多士，大不克明保享于民，乃胥惟虐于民，至于百爲，大不克開。

『乃惟成湯，克以爾多方，簡代夏作民主。慎厥麗，乃勸；厥民刑，用勸；以至于帝乙，罔不明德慎罰，亦克用勸；要囚，殄戮多罪，亦克用勸；開釋無辜，亦克用勸。今至于爾辟，弗克以爾多方，享天之命。』

『嗚呼！王若曰：誥告爾多方，非天庸釋有夏，非天庸釋有殷。乃惟爾辟，以爾多方，大淫圖天之命，屑有辭。乃惟有夏圖厥政，不集于享，天降時喪，有邦間之。乃惟爾商後王，逸厥逸，圖厥政，不蠲烝，天惟降時喪。惟聖罔念作狂，惟狂克念作聖。天惟五年，須暇之子孫，誕作民主，罔可念聽。

『天惟求爾多方，大動以威，開厥顧天；惟爾多方，罔堪顧之。惟我周王，靈承于旅，克堪用德，惟典神天。天惟式教我用休，簡畀殷命，尹爾多方。

『今我曷敢多誥，我惟大降爾四國民命。爾曷不忱裕之于爾多方？爾曷不夾介乂我周王享天之命？今爾尚宅爾宅，畋爾田，爾曷不惠王熙天之命？爾乃迪屢不靜，爾心未愛。爾乃不大宅天命，爾乃屑播天命，爾乃自作不典，圖忱于正。我惟時其教告之，我惟時其戰要囚之，至于再，至于三。乃有不用我降爾命，我乃其大罰殛之！非我有周秉德不康寧，乃惟爾自速辜！』

王曰：『嗚呼！猷，告爾有方多士暨殷多士。今爾奔走臣我監五祀，越惟有胥伯小大多正，爾罔不克臬。自作不和，爾惟和哉！爾室不睦，爾惟和哉！爾邑克明，爾惟克勤乃事。爾尚不忌于凶德，亦則以穆穆在乃位，克閱于乃邑謀介。爾乃自時洛邑，尚永力畋爾田，天惟畀矜爾，我有周惟其大介賚爾。迪簡在王庭。尚爾事，有服在大僚。』

王曰：『嗚呼！多士，爾不克勸忱我命，爾亦則惟不克享，凡民惟曰不享。爾乃惟逸惟頗，大遠王命，則惟爾多方探天之威，我則致天之罰，離逖爾土。』

王曰：『我不惟多誥，我惟祇告爾命。』又曰：『時惟爾初，不克敬于和，則無我怨。』

立政第二十一

周公作《立政》。

周公若曰：『拜手稽首，告嗣天子王矣。』用咸戒于王曰：『王左右常伯、常任、準人、綴衣、虎賁。』

周公曰：『嗚呼！休茲，知恤鮮哉！古之人迪惟有夏，乃有室大競，籲俊尊上帝，迪知忱恂于九德之行。乃敢告教厥後曰：「拜手稽首，後矣！」曰：「宅乃事，宅乃牧，宅乃準，茲惟後矣。謀面，用丕訓德，則乃宅人，茲乃三宅無義民。」桀德，惟乃弗作往任，是惟暴德罔後。

『亦越成湯陟，丕釐上帝之耿命，乃用三有宅；克即宅，曰三有俊，克即俊。嚴惟丕式，克用三宅三俊，其在商邑，用協于厥邑；其在四方，用丕式見德。

『嗚呼！其在受德暋，爲羞刑暴德之人，同于厥邦；乃惟庶習逸德之人，同于厥政。帝欽罰之，乃伻我有夏，式商受命，奄甸萬姓。

『亦越文王、武王，克知三有宅心，灼見三有俊心，以敬事上帝，立民長伯。立政：任人、準夫、牧，作三事。虎賁、綴衣、趣馬小尹、左右攜僕、百司庶府。大都小伯、藝人表臣、百司，太史、尹伯，庶常吉士。司徒、司馬、司空亞旅。夷微、盧烝，三亳阪尹。

『文王惟克厥宅心，乃克立兹常事司牧人，以克俊有德。文王罔攸兼于庶言，庶獄庶慎，惟有司之牧夫。是訓用違，庶獄庶慎，文王罔敢知于兹。

『亦越武王，率惟敉功，不敢替厥義德，率惟謀從容德，以并受此丕丕基。

『嗚呼！孺子王矣！繼自今，我其立政、立事、準人、牧夫，我其克灼知厥若，丕乃俾亂；相我受民，和我庶獄庶慎。時則勿有間之，自一話一言。我則末惟成德之彦，以乂我受民。

『嗚呼！予旦已受人之徽言，咸告孺子王矣。繼自今，文子文孫，其勿誤于庶獄庶慎，惟正是乂之。自古商人，亦越我周文王立政、立事、牧夫、準人，則克宅之，克由繹之，茲乃俾乂。國則罔有立政用憸人，不訓于德，是罔顯在厥世。繼自今立政，其勿以憸人，其惟吉士，用勱相我國家。

『今文子文孫，孺子王矣！其勿誤于庶獄，惟有司之牧夫。其克詰爾戎兵，以陟禹之迹，方行天下，至于海表，罔有不服。以覲文王之耿光，以揚武王之大烈。嗚呼！繼自今，後王立政，其惟克用常人。』

周公若曰：『太史，司寇蘇公，式敬爾由獄，以長我王國。茲式有慎，以列用中罰。』

周官第二十二

成王既黜殷命，滅淮夷，還歸在豐，作《周官》。

惟周王撫萬邦，巡侯、甸，四徵弗庭，綏厥兆民。六服羣辟，罔不承德。

歸于宗周，董正治官。

王曰：『若昔大猷，制治于未亂，保邦于未危。』曰：『唐虞稽古，建官惟百。內有百揆四岳，外有州牧侯伯。庶政惟和，萬國咸寧。夏商官倍，亦克用乂。明王立政，不惟其官，惟其人。

『今予小子，祗勤于德，夙夜不逮。仰惟前代時若，訓迪厥官。立太師、太傅、太保，茲惟三公。論道經邦，燮理陰陽。官不必備，惟其人。少師、少傅、少保，曰三孤。貳公弘化，寅亮天地，弼予一人。冢宰掌邦治，統百官，均四海。司徒掌邦教，敷五典，擾兆民。宗伯掌邦禮，治神人，和上下。司馬掌邦政，統六師，平邦國。司寇掌邦禁，詰姦慝，刑暴亂。司空掌邦土，居四民，時地利。六卿分職，各率其屬，以倡九牧，阜成兆民。六年，五服一朝。又六年，王乃時巡，考制度于四岳。諸侯各朝于方岳，大明黜陟。』

王曰：『嗚呼！凡我有官君子，欽乃攸司，慎乃出令，令出惟行，弗惟反。以公滅私，民其允懷。學古入官。議事以制，政乃不迷。其爾典常作之師，無以利口亂厥官。蓄疑敗謀，怠忽荒政，不學墻面，莅事惟煩。戒爾卿士，功崇惟志，業廣惟勤，惟克果斷，乃罔後艱。位不期驕，禄不期侈。恭儉惟德，無載爾僞。作德，心逸日休；作僞，心勞日拙。居寵思危，罔不惟畏，弗畏入畏。推賢讓能，庶官乃和，不和政龐。舉能其官，惟爾之能。稱匪其人，惟爾不任。』

王曰：『嗚呼！三事暨大夫，敬爾有官，亂爾有政，以佑乃辟。永康兆民，萬邦惟無斁。』

成王既伐東夷，肅慎來賀。王俾榮伯作《賄肅慎之命》。

周公在豐，將没，欲葬成周。公薨，成王葬于畢，告周公，作《亳姑》。

君陳第二十三

周公既没，命君陳分正東郊成周，作《君陳》。

王若曰：『君陳，惟爾令德孝恭。惟孝，友于兄弟，克施有政。命汝尹兹東郊，敬哉！昔周公師保萬民，民懷其德。往慎乃司，兹率厥常，懋昭周公之訓，惟民其乂。我聞曰：「至治馨香，感于神明。黍稷非馨，明德惟馨。」爾尚式時周公之猷訓，惟日孜孜，無敢逸豫。凡人未見聖，若不克見；既見聖，亦不克由聖，爾其戒哉！爾惟風，下民惟草。圖厥政，莫或不艱，有廢有興。出入自爾師虞，庶言同則繹。爾有嘉謀嘉猷，則入告爾後于内，爾乃順之于外，曰：「斯謀斯猷，惟我後之德。」嗚呼！臣人咸若時，惟良顯哉！』

王曰：『君陳，爾惟弘周公丕訓，無依勢作威，無倚法以削，寬而有制，從容以和。殷民在辟，予曰辟，爾惟勿辟；予曰宥，爾惟勿宥，惟厥中。有弗若于汝政，弗化于汝訓，辟以止辟，乃辟。狃于姦宄，敗常亂俗，三細不宥。爾無忿疾于頑，無求備于一夫。必有忍，其乃有濟；有容，德乃大。簡厥修，亦簡其或不修。進厥良，以率其或不良。惟民生厚，因物有遷。違上所命，從厥攸好。爾克敬典在德，時乃罔不變。允升于大猷，惟予一人膺受多福，其爾之休，終有辭於永世。』

顧命第二十四

成王將崩，命召公、畢公率諸侯相康王，作《顧命》。

惟四月哉生魄，王不懌。甲子，王乃洮頮水。相被冕服，憑玉幾。乃同，召太保奭、芮伯、彤伯、畢公、衛侯、毛公、師氏、虎臣、百尹、御事。

王曰：『嗚呼！疾大漸，惟幾，病日臻。既彌留，恐不獲誓言嗣，茲予審訓命汝。昔君文王、武王宣重光，奠麗陳教則肄，肄不違，用克達殷，集大命。在後之侗，敬迓天威，嗣守文、武大訓，無敢昏逾。今天降疾殆，弗興弗悟。爾尚明時朕言，用敬保元子釗，弘濟于艱難，柔遠能邇，安勸小大庶邦。思夫人自亂于威儀。爾無以釗冒貢于非幾。』

茲既受命還，出綴衣于庭。越翼日乙丑，王崩。太保命仲桓、南宮毛，俾爰齊侯呂伋，以二幹戈、虎賁百人逆子釗於南門之外。延入翼室，恤宅宗。丁卯，命作册度。

越七日癸酉，伯相命士須材。狄設黼扆、綴衣。牖間南嚮，敷重篾席，黼純華玉仍幾。西序東嚮，敷重厎席，綴純，文貝，仍幾。東序西嚮，敷重豐席，畫純，雕玉，仍幾。西夾南嚮，敷重筍席，玄紛純，漆，仍幾。越玉五重，陳寶，赤刀、大訓、弘璧、琬琰，在西序。大玉、夷玉、天球、河圖，在東序。胤之舞衣、大貝、鼖鼓，在西房；兑之戈、和之弓、垂之竹矢，在東房。

大輅在賓階面，綴輅在阼階面，先輅在左塾之前，次輅在右塾之前。

二人雀弁，執惠，立于畢門之內。四人綦弁，執戈上刃，夾兩階㢎。一人冕，執劉，立于東堂，一人冕，執鉞，立于西堂。一人冕，執戣，立于東垂。一人冕，執瞿，立于西垂。一人冕，執鋭，立于側階。

王麻冕黼裳，由賓階隮。卿士、邦君麻冕蟻裳，入即位。太保、太史、太宗皆麻冕彤裳。太保承介圭，上宗奉同、瑁，由阼階隮。太史秉書，由賓階隮，御王册命。曰：『皇後憑玉幾，道揚末命，命汝嗣訓，臨君周邦，率循大卞，燮和天下，用答揚文、武之光訓。』王再拜，興，答曰：『眇眇予末小子，其能而亂四方以敬忌天威？』乃受同、瑁，王三宿，三祭，三咤。上宗曰：『饗！』太保受同，降，盥以异同，秉璋以酢。授宗人同，拜。王答拜。太保受同，祭，嚌，宅，授宋人同，拜。王答拜。太保降，收。諸侯出廟門俟。

康王之誥第二十五

康王既尸天子，遂誥諸侯，作《康王之誥》。

王出，在應門之内，太保率西方諸侯入應門左，畢公率東方諸侯入應門右，皆布乘黄朱。賓稱奉圭兼幣，曰：『一二臣衛，敢執壤奠。』皆再拜稽首。王義嗣德，答拜。太保暨芮伯咸進，相揖，皆再拜稽首，曰：『敢敬告天子，皇天改大邦殷之命，惟周文武誕受羑若，克恤西土。惟新陟王，畢協賞罰，戡定厥功，用敷遺後人休。今王敬之哉！張皇六師，無壞我高祖寡命。』

王若曰：『庶邦侯、甸、男、衛，惟予一人釗報誥。昔君文武丕平富，不務咎，底至齊信，用昭明于天下。則亦有熊羆之士，不二心之臣，保乂王家。用端命于上帝，皇天用訓厥道，付畀四方。乃命建侯樹屏，在我後之人。今予一二伯父，尚胥暨顧，綏爾先公之臣，服于先王。雖爾身在外，乃心罔不在王室，用奉恤厥若，無遺鞠子羞！』

羣公既皆聽命，相揖，趨出。王釋冕，反喪服。

畢命第二十六

康王命作册畢，分居里，成周郊，作《畢命》。

惟十有二年，六月庚午，朏。越三日壬申，王朝步自宗周，至于豐。以成周之衆，命畢公保釐東郊。

王若曰：『嗚呼！父師，惟文王、武王，敷大德于天下，用克受殷命。惟周公左右先王，綏定厥家，毖殷頑民，遷于洛邑，密邇王室，式化厥訓。

既歷三紀，世變風移，四方無虞，予一人以寧，道有升降，政由俗革，不臧厥臧，民罔攸勸。惟公懋德，克勤小物，弼亮四世，正色率下，罔不祗師言。嘉績多于先王，予小子垂拱仰成。』

王曰：『嗚呼！父師，今予祗命公以周公之事，往哉！旌別淑慝，表厥宅里，彰善癉惡，樹之風聲。弗率訓典，殊厥井疆，俾克畏慕。申畫郊圻，慎固封守，以康四海。政貴有恒，辭尚體要，不惟好异。商俗靡靡，利口惟賢，餘風未殄，公其念哉！我聞曰：「世禄之家，鮮克由禮。以蕩陵德，實悖天道。敝化奢麗，萬世同流。」茲殷庶士，席寵惟舊，怙侈滅義，服美于人。驕淫矜侉，將由惡終。雖收放心，閑之惟艱。資富能訓，惟以永年。惟德惟義，時乃大訓。不由古訓，于何其訓。』

王曰：『嗚呼！父師，邦之安危，惟茲殷士。不剛不柔，厥德允修。

惟周公克慎厥始，惟君陳克和厥中，惟公克成厥終。三後協心，同厎于道，道洽政治，澤潤生民，四夷左衽，罔不咸賴，予小子永膺多福。公其惟時成周，建無窮之基，亦有無窮之聞。子孫訓其成式，惟乂。嗚呼！罔曰弗克，惟既厥心；罔曰民寡，惟慎厥事。欽若先王成烈，以休于前政。』

君牙第二十七

穆王命君牙，爲周大司徒，作《君牙》。

王若曰：『嗚呼！君牙，惟乃祖乃父，世篤忠貞，服勞王家，厥有成績，紀于太常。惟予小子嗣守文、武、成、康遺緒，亦惟先正之臣，克左右亂四方。心之憂危，若蹈虎尾，涉于春冰。今命爾予翼，作股肱心膂，纘乃舊服。無忝祖考，弘敷五典，式和民則。爾身克正，罔敢弗正，民心罔中，惟爾之中。夏暑雨，小民惟曰怨咨。冬祁寒，小民亦惟曰怨咨。厥惟艱哉！

思其艱以圖其易，民乃寧。嗚呼！丕顯哉，文王謨！丕承哉，武王烈！啓佑我後人，咸以正罔缺。爾惟敬明乃訓，用奉若于先王，對揚文、武之光命，追配于前人。」

王若曰：「君牙，乃惟由先正舊典時式，民之治亂在兹。率乃祖考之攸行，昭乃辟之有乂。」

冏命第二十八

穆王命伯冏，爲周太僕正，作《冏命》。

王若曰：「伯冏，惟予弗克于德，嗣先人宅丕後，怵惕惟厲，中夜以興，思免厥愆。昔在文、武，聰明齊聖，小大之臣，咸懷忠良。其侍御僕從，罔匪正人，以旦夕承弼厥辟，出入起居，罔有不欽；發號施令，罔有不臧。下民祇若，萬邦咸休。惟予一人無良，實賴左右前後有位之士，匡其不及，繩愆糾繆，格其非心，俾克紹先烈。今予命汝作大正，正于羣僕侍御之臣，懋乃後德，交修不逮。慎簡乃僚，無以巧言令色，便辟側媚，其惟吉士。僕臣正，厥後克正；僕臣諛，厥後自聖。後德惟臣，不德惟臣。爾無昵于憸人，充耳目之官，迪上以非先王之典。非人其吉，惟貨其吉，若時，瘝厥官，惟爾大弗克祗厥辟，惟予汝辜。』王曰：『嗚呼，欽哉！永弼乃後于彝憲。』

呂刑第二十九

呂命穆王訓夏贖刑，作《呂刑》。

惟呂命，王享國百年，耄荒，度作刑，以詰四方。王曰：『若古有訓，蚩尤惟始作亂，延及于平民，罔不寇賊，鴟義姦宄，奪攘矯虔。苗民弗用靈，制以刑，惟作五虐之刑曰法。殺戮無辜，爰始淫爲劓、刵、椓、黥。越兹麗刑并制，罔差有辭。民興胥漸，泯泯棼棼，罔中于信，以覆詛盟。虐威庶戮，方告無辜于上。上帝監民，罔有馨香，德刑發聞惟腥。皇帝哀矜庶戮之不辜，報虐以威，遏絶苗民，無世在下。乃命重、黎，絶地天通，罔有降格。羣後之逮在下，明明棐常，鰥寡無蓋。

『皇帝清問下民，鰥寡有辭于苗。德威惟畏，德明惟明。乃命三後，恤功于民。伯夷降典，折民惟刑。禹平水土，主名山川。稷降播種，家殖嘉穀。三後成功，惟殷于民。士制百姓于刑之中，以教祗德。穆穆在上，明明在下，灼于四方，罔不惟德之勤，故乃明于刑之中，率乂于民棐彝。典獄，非訖于威，惟訖于富。敬忌，罔有擇言在身。惟克天德，自作元命，配享在下。』

王曰：『嗟！四方司政典獄，非爾惟作天牧？今爾何監，非時伯夷播刑之迪？其今爾何懲？惟時苗民匪察于獄之麗，罔擇吉人，觀于五刑之中；惟時庶威奪貨，斷制五刑，以亂無辜。上帝不蠲，降咎于苗，苗民無辭于罰，乃絕厥世。』

王曰：『嗚呼！念之哉！伯父、伯兄、仲叔、季弟、幼子、童孫，皆聽朕言，庶有格命。今爾罔不由慰曰勤，爾罔或戒不勤。天齊于民，俾我一日，非終惟終在人。爾尚敬逆天命，以奉我一人！雖畏勿畏，雖休勿休。惟敬五刑，以成三德。一人有慶，兆民賴之，其寧惟永。』

王曰：『吁！來，有邦有土，告爾祥刑。在今爾安百姓，何擇非人？何敬非刑？何度非及？兩造具備，師聽五辭。五辭簡孚，正于五刑。五刑不簡，正于五罰；五罰不服，正于五過。五過之疵：惟官，惟反，惟內，惟貨，惟來。其罪惟均，其審克之！

『五刑之疑有赦，五罰之疑有赦，其審克之！簡孚有衆，惟貌有稽。無簡不聽，具嚴天威。墨辟疑赦，其罰百鍰，閱實其罪。劓辟疑赦，其罪惟倍，閱實其罪。剕辟疑赦，其罰倍差，閱實其罪。宮辟疑赦，其罰六百鍰，閱實其罪。大辟疑赦，其罰千鍰，閱實其罪。墨罰之屬千，劓罰之屬千，剕罰之屬五百，宮罰之屬三百，大辟之罰其屬二百。五刑之屬三千。

『上下比罪，無僭亂辭，勿用不行，惟察惟法，其審克之。上刑適輕，下服；下刑適重，上服。輕重諸罰有權。刑罰世輕世重，惟齊非齊，有倫有要。罰懲非死，人極于病。非佞折獄，惟良折獄，罔非在中。察辭于差，非從惟從。哀敬折獄，明啓刑書，胥占，咸庶中正。其刑其罰，其審克之。獄成而孚，輸而孚。其刑上備，有并兩刑。』

王曰：『嗚呼！敬之哉！官伯、族姓，朕言多懼。朕敬于刑，有德惟刑。今天相民，作配在下。明清于單辭。民之亂，罔不中聽獄之兩辭，無或私家于獄之兩辭！獄貨非寶，惟府辜功，報以庶尤。永畏惟罰，非天不中，惟人在命。天罰不極，庶民罔有令政在于天下。』

王曰：『嗚呼！嗣孫，今往何監？非德于民之中？尚明聽之哉！哲人惟刑，無疆之辭，屬于五極，咸中有慶。受王嘉師，監于茲祥刑。』

文侯之命第三十

平王錫晉文侯秬鬯、圭瓚，作《文侯之命》。

王若曰：『父義和！丕顯文、武，克慎明德，昭升于上，敷聞在下，惟時上帝，集厥命于文王。亦惟先正，克左右昭事厥辟，越小大謀猷，罔不率從，肆先祖懷在位。嗚呼！閔予小子嗣，造天丕愆。殄資澤于下民，侵戎我國家純。即我御事，罔或耆壽俊在厥服，予則罔克。曰惟祖惟父，其伊恤朕躬。嗚呼！有績予一人永綏在位。父義和！汝克紹乃顯祖，汝肇刑文、武，用會紹乃辟，追孝于前文人。汝多修，扞我于艱，若汝，予嘉。』

王曰：『父義和！其歸視爾師，寧爾邦。用賚爾秬鬯一卣，彤弓一，彤矢百，盧弓一，盧矢百，馬四匹。父往哉！柔遠能邇，惠康小民，無荒寧。簡恤爾都，用成爾顯德。』

費誓第三十一

魯侯伯禽宅曲阜，徐、夷并興，東郊不開，作《費誓》。

公曰：『嗟！人無嘩，聽命。徂茲淮夷、徐戎并興。善敹乃甲冑，敿乃幹，無敢不弔。備乃弓矢，鍛乃戈矛，礪乃鋒刃，無敢不善。今惟淫捨牿牛馬，杜乃擭，敜乃穽，無敢傷牿。牿之傷，汝則有常刑。馬牛其風，臣妾逋逃，勿敢越逐，祗復之，我商賚汝。乃越逐，不復，汝則有常刑！無敢寇攘，逾垣墻，竊馬牛，誘臣妾，汝則有常刑。甲戌，我惟徵徐戎。峙乃糗糧，無敢不逮，汝則有大刑。魯人三郊三遂，峙乃楨幹。甲戌，我惟築，無敢不供，汝則有無餘刑，非殺。魯人三郊三遂，峙乃芻茭，無敢不多，汝則有大刑。』

秦誓第三十二

秦穆公伐鄭，晉襄公帥師敗諸崤，還歸，作《秦誓》。

公曰：『嗟！我士，聽無譁予誓告汝羣言之首。古人有言曰：「民訖自若，是多盤。」責人斯無難，惟受責俾如流，是惟艱哉！我心之憂，日月逾邁，若弗雲來。惟古之謀人，則曰未就予忌。惟今之謀人，姑將以爲親。雖則雲然，尚猷詢茲黃髮，則罔所愆。』番番良士，旅力既愆，我尚有之。仡仡勇夫，射御不違，我尚不欲。惟截截善諞言，俾君子易辭，我皇多有之，昧昧我思之。如有一介臣，斷斷猗，無他技，其心休休焉，其如有容。人之有技，若己有之。人之彥聖，其心好之，不啻若自其口出，是能容之。以保我子孫黎民，亦職有利哉！人之有技，冒疾以惡之。人之彥聖而違之，俾不達是不能容，以不能保我子孫黎民，亦曰殆哉！邦之杌隉，曰由一人。邦之榮懷，亦尚一人之慶。』